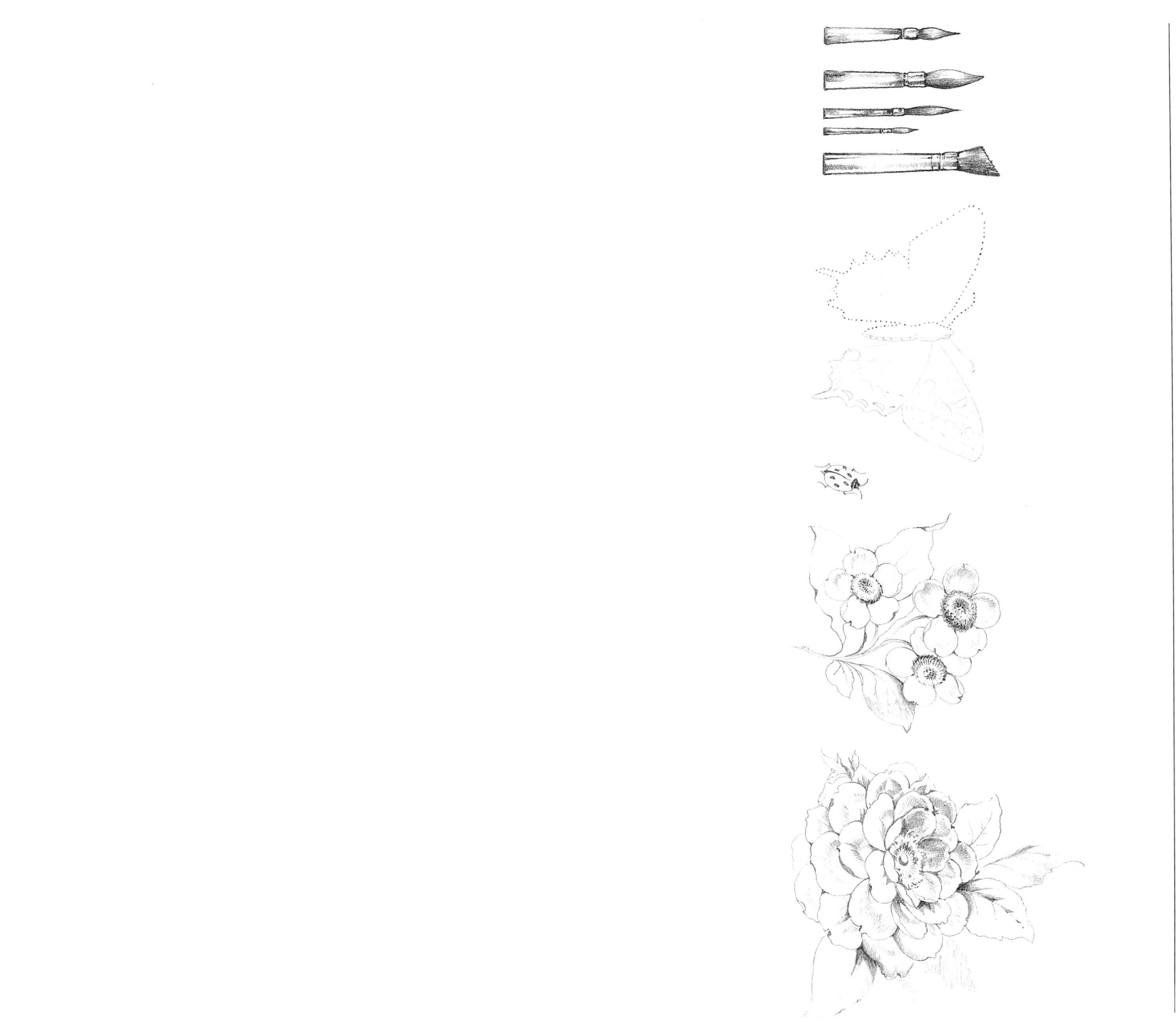

Uwe Geißler

Porzellan bemalen

Anleitung, Beispiele, Dekore

CALLWEY

Ein Dankeschön für Hilfe und Unterstützung
zur Vollendung dieses Buches gilt

Firma W. Goebel
Hanns Welling
Klaus
Manu
Danni und
Maestro Sigi Wendler

Die Deutsche Bibliothek – CIP-Einheitsaufnahme

Geissler, Uwe:
Porzellan bemalen: Anleitung, Beispiele, Dekore / Uwe
Geissler. - 3. Aufl. - München: Callwey, 1992
ISBN 3-7667-1052-4
NE: HST

3. Auflage 1992
© 1988 by Verlag Georg D. W. Callwey, München
Alle Rechte vorbehalten, auch die des auszugsweisen
Abdruckes, der photomechanischen Wiedergabe
und der Übersetzung
Schutzumschlag Baur + Belli Design, München,
unter Verwendung einer Zeichnung des Autors
Lithos Scantrans, Singapur
Satz Typo spezial I. Geithner, Erding
Druck und Bindung Auer, Donauwörth
Printed in Germany 1992
ISBN 3-7667-1052-4

INHALT

VORWORT	7
ARBEITSMITTEL	8
Weißware	8
Malutensilien	10
– Pinsel	10
– Öle	10
– Farben	11
– Paletten, Spachtel, Radiermesser	12
– Fettstift, Federhalter	13
ARBEITSTISCH	14
BRENNEN DES BEMALTEN PORZELLANS	16
VOR DEM MALEN	18
Lockerungsübungen	18
Vorbehandlung des Scherbens	18
Die Komposition des Dekors	18
Aufbereitung der Farbe	20
BLUMENMALEREI	22
Naturstudien	22
Rosenmalerei	26
Maniermalerei	29
Aster	29
Heckenrose	30
Bukettmalerei und Grünbehandlung	39
Streublümchen	45
Kanten und Ranken	50
FONDGESTALTUNG	52
Der farblich ruhige Hintergrund für Stilleben oder Portraits	52
Das Aussparen von Medaillonflächen	52
Andere Fondgestaltungen	53
NATURALISTISCHE MALEREI	56
Früchte	57
Insekten	59
Vögel	60
Das Tierbildnis	63
Landschaftsmalerei	64
Einzelne Gebäude	65
Weihnachtsteller	69
Kindermotive	70
Kupferstichmalerei	74
PHANTASIEDEKORE	76
Schmuckmotive	81
Ornamente	81
Stilisierte Blumen	87
Randdekore	88
INDISCHE UND FERNÖSTLICHE MALEREI	92
Arbeitsmittel	93
Lochpause	97
Zeichnen mit der Feder	97
Stilisierte Blumen und Vögel	98
– Fasan mit Blume	99
– Stilisierte Blumen	99
Stilisierte Tiere, Drachen, Fabelwesen	100
GOLDDEKORATION	104
Glanzgold	104
Poliergold	104
Pudergold	104
Pinsel	104
Ränderscheibe	106
– Fädenziehen auf der Ränderscheibe	106
– Das Rändern	106
Das Einfassen von Medaillons und Fonddekoren	106
Goldkanten	106
Das Staffieren von Henkeln, Ausgüssen, Deckelknäufen	108
Das Vergolden von Durchbruchporzellan	109
PLATINDEKORATION	110
MONOGRAMME	110
SIGNETS	114
AUSGEFÜHRTE PORZELLANMALEREIEN	116
BEGRIFFSERLÄUTERUNGEN	126
LITERATUR	127
BILDNACHWEIS	127

VORWORT

Viel ist schon über die Porzellanmalerei geschrieben und gesagt worden, und oft wurde versucht, auch dem Laien dieses Thema nahezubringen. Vor allem in jüngerer Zeit, da die Porzellanmalerei in immer mehr Haushalten Einzug hält. Leider begnügen sich viele dieser Wegweiser und Schilderungen mit einem Ergebnis, das bei einer mäßigen »Bauernmalerei« endet. Ich möchte in diesem Buch versuchen, sowohl dem Anfänger als auch dem fortgeschrittenen Maler Schritte zur Vervollkommnung aufzuzeigen.

Jeder muß selbst abwägen, wie weit er es mit seinem Können und Talent bringen will. Voraussetzung ist – wie bei so vielen anderen handwerklichen Tätigkeiten auch – natürlich Begeisterung und die entsprechende Portion Fleiß. Ohne diese wird man wohl nie und in keiner künstlerischen Tätigkeit Erfolg haben. Auch hier wird ab und an der Punkt kommen, wo man sich sagt: »Das schaffst du nie!« Aber Ausdauer und vor allem Interesse legen oft schlummernde Talente frei. Dabei ist es zu Beginn nicht wichtig, sofort schöpferisch tätig zu sein. Vielmehr zählt anfangs das Erlernen der Techniken, der Umgang mit Farbe und Öl sowie ein solides Grundwissen.

Wenn die Technik sitzt, und man einige gute »Vorbilder« ordentlich wiedergeben kann, ist es Zeit für eigene Entwürfe und Studien. Sicher kann man Ideen jederzeit zu Papier bringen, aber um sie auf den Scherben zu übertragen, muß erst die Maltechnik beherrscht werden. Und die ist nun mal nicht einfach. Sie ist vergleichbar mit dem Aquarellieren, obwohl ja auf dem Porzellan etwas länger »korrigiert« werden kann. Die durchscheinende Transparenz und das Mitwirken des weißen Untergrundes machen beide Techniken sehr ähnlich.

Reizvoll ist die Porzellanmalerei auch für denjenigen, der sich zuvor nur in anderen Techniken versucht hat. Besonders Glasmalern werden viele vertraute und ähnliche Begriffe begegnen.

Ich möchte versuchen, Schritt für Schritt den Themenkomplex aufzuarbeiten und auf alle Feinheiten einzugehen, auch wenn sie dem einen oder anderen schon vertraut erscheinen mögen.

Themen, die die Herstellung und Besonderheiten sowie Geschichte des »Weißen Goldes« angehen, möchte ich bewußt ausklammern. Es gibt genügend Fachliteratur, die Aufschluß darüber geben kann, und Interessenten werden über Zusammensetzung und chemische Bewandtnis des Scherbens jederzeit Auskunft einholen können, denn den geheimnisumwobenen Charakter hat das Porzellan längst verloren. Die Grundrezeption ist heute weltweit bekannt.

Bei der Vielzahl an Dekormöglichkeiten möchte ich besonders auf die klassischen eingehen, aber auch die modernen Arten thematisch anschneiden. Im Mittelpunkt sollen für uns die Blumenmalereien stehen, sowohl in Maniermalerei als auch in naturalistischer Ausführung. Des weiteren soll die Rede sein von fernöstlichen Motiven, aber auch Landschafts- oder Flächendekore werden behandelt.

Auf die genauere Bezeichnung und chemischen Details der keramischen Farben möchte ich auch verzichten, da heute eine große Auswahl an verschiedenen Paletten im Angebot des Handels ist, und man hierüber schon bei deren Kauf gut informiert ist. Nicht selten bekommt man von den Firmen sogar Gratisproben, an welchen man durch einige Farbaufstriche und das Mischen untereinander sowie einen anschließenden Probebrand deren Qualität ermessen kann. Bei Einhaltung der angegebenen Brenntemperatur und bestimmter Regeln des Farbmischens kann eigentlich nicht viel schiefgehen.

Ich habe in meiner zehnjährigen Tätigkeit in der Meißener Manufaktur sowie meiner jetzigen Tätigkeit als Dekorentwickler und Lehrmeister einen, so glaube ich, nicht unbeträchtlichen Erfahrungsschatz gewonnen und würde mich freuen, wenn ich mit diesem Buch dem Leser helfen könnte, sein Ziel, die Technik der qualitätsvollen Porzellanmalerei zu erlernen, schnell zu erreichen. Den entscheidenden Teil Fleiß aber muß der Lernende selbst beisteuern. Die wirklich gut gemachte Porzellanmalerei ist eine sehr sensible Technik, die Gefühl und Liebe zur Sache benötigt. Ist das vorhanden, und das nötige Quantum Talent geweckt, kann man bei der Dekoration des edlen Werkstoffes Porzellan schöne Erfolge erzielen. Nicht zuletzt, um dem Betrachter ein Unikat in die Hand zu geben, an dem er und auch der Maler selbst tiefe Freude empfinden.

Uwe Geißler

ARBEITSMITTEL

Weißware

Für das Bemalen eignen sich alle weißen Porzellane, wie sie in vielerlei Form, Größe und Qualitäten in Kaufhäusern, Fachgeschäften und Antiquitätenläden zu bekommen sind. Manche Hersteller von Porzellan liefern auch an Privatkunden direkt. Kataloge und Prospekte informieren vorab über Preise und Lieferzeiten. Im folgenden ist eine Liste der gängigsten Geschirrartikel und deren handelsübliche Größen angefügt:

Mokkageschirr	
Mokkakanne	0,6 Liter (l)
Mokkatasse (mit Untertasse)	0,10 l
Kuchenteller	15 cm Durchmesser
Milchgießer	0,15 l
Zuckerdose	0,15 l
Teegeschirr	
Teekanne	0,4 l; 1,3 l
Teetasse (mit Untertasse)	0,2 l
Kuchenteller	16 cm, 19 cm
Milchgießer	0,25 l
Zuckerdose	0,25 l
Kaffeegeschirr	
Kaffeekanne	0,9–1,3 l
Kaffeetasse (mit Untertasse)	0,2 l
Kuchenteller	19 cm
Milchgießer	0,25 l
Zuckerdose	0,25 l
Tortenplatte	28 cm
Königskuchenplatte	35–50 cm
Eierbecher	ca. 4 cm
Stövchen	je nach Kannenart
Speisegeschirr	
Teller, flach	19, 26, 28 cm
Platzteller	32 cm
Teller, tief	0,25 l
Suppentasse (mit Untertasse)	0,25 l
Terrine (Suppe, Fleisch, Fischgerichte)	1,5 l
Sauciere	0,4 l
Salatschüssel	17, 20, 26, 28 cm
Ovale Platten	32, 36 cm
Salz und Pfeffer	keine Normgrößen
Kompottschale	0,25 l

Einzelstücke
Kerzenhalter, Schmuckdosen, Konfektschalen

Man sieht, eine Fülle von Porzellanteilen steht zur Dekoration zur Verfügung. Besonders reizvoll ist es auch, in Antiquitätengeschäften oder Trödelmärkten nach ausgefallenen Einzelstücken zu suchen, die mit qualitätvoller Bemalung noch wertvoller werden. Dabei kann solch ein Stück ruhig schon vordekoriert sein, also z. B. einen Goldrand haben. Ein erneutes Brennen schadet der älteren Farbe fast nie.

Bevor der Hobbymaler sich an das Bemalen von kostbarem Porzellan aus berühmten Manufakturen wagt, sollte er mit preisgünstiger Kiloware beginnen. Auf keinen Fall sollte er vergessen, auf der Bodenseite des Porzellanteils ein eigenes Zeichen oder Signum aufzubringen. Das kann der Namenszug sein, ein Wappen oder Symbol. Außerdem sollten das Datum und der Hinweis auf eine Handmalerei angegeben werden. Es hat sich das englische »handpainted« eingebürgert. Hierzu verwendet man meist Rot, Kobaltblau oder Gold. Das Hauptsymbol wird in der Regel in der Mitte des Geschirrbodens angeordnet. Kleinere Ergänzungen wie Datum, Motivname oder auch Widmungen können auch am Bodenrand angebracht werden.

1 Weißware für Porzellanmalerei ist in großer Auswahl im Fachhandel, aber auch in Haushaltsgeschäften und Kaufhäusern erhältlich. Die Abbildung zeigt einen Querschnitt der Oeslauer Manufaktur W. Goebel.

2 Geschirre mit Reliefs sind oft reizvolle Malgründe. In die plastischen Elemente lassen sich zusätzlich feine Goldmalereien einbringen.

Malutensilien

Pinsel

Zur eigentlichen Malerei wird gar nicht so viel benötigt, wie der Laie oft glaubt. Das Wichtigste sind natürlich die Pinsel. Hier haben sich die Federkielpinsel mit Naturhaar bewährt. Unter all den Haarsorten, die gebräuchlich sind, vom Marder über Rind bis hin zu verschiedenen Eichhörnchenarten, hat sich das Fehlhaar als am geeignetsten erwiesen, nicht nur in Meißen.

Seit diese Federkielpinsel auch maschinell eingebunden werden, kommt es immer wieder vor, daß einzelne Pinselhaare verkehrt herum eingebunden wurden, das heißt, mit der Abschnittfläche nach vorn und mit der natürlichen Spitze im Kiel. Diese »schwarzen Schafe« machen sich beim Malen dann besonders störend bemerkbar, wenn sie seitlich aus dem Pinselkörper herausragen und ungewollte Linien fabrizieren. Deshalb ist es ratsam, diese Haare vor dem Malen auszuschneiden. Das braucht zwar etwas Zeit und Geduld, zahlt sich aber später durch einen fließenden Strich aus. Man taucht also den Pinsel in etwas Dicköl (siehe weiter unten unter Öle) und drückt ihn auf einem Teller oder einer sauberen Kachel vorsichtig breit. Bei genauer Betrachtung sieht man nun deutlich die dickeren Haare ohne Spitze und kann diese mit dem Radiermesser, welches ich noch genau beschreiben werde, herausschneiden. Ein Durchschnittssortiment von ca. sechs Größen reicht aber voll und ganz aus. Bei entsprechender Behandlung und Pflege leisten manche Pinsel gut und gern ein halbes Jahr ihren Dienst, bei täglichem Gebrauch wohlgemerkt! Deshalb sollte man den Pinsel auch nie stauchen oder quer ausdrücken! Jeder Pinsel wird einen sorgsamen Gebrauch durch lange Lebensdauer danken. Das ist sicher auch aus Kostengründen interessant, da die Preise für diese Naturhaare in den letzten Jahren ständig stiegen. Sollte ein Pinsel längere Zeit nicht benutzt werden, ist es günstig, ihn in Terpentinöl auszuwaschen und mit etwas Nelkenöl getränkt in einer Pinselschachtel abzulegen. Hierzu eignet sich eine flache Blechdose, in der ein mit Nelkenöl getränktes Stück Wellpappe liegt. So aufbewahrt ist der Pinsel selbst nach Monaten sofort wieder einsatzbereit. Die günstigsten Pinseltypen sind in der Abbildung 3 aufgeführt.

Federkielpinsel müssen auf einen Pinselstiel aufgeschoben werden. Es ist eine Ehrensache jedes guten Porzellanmalers, sich diese Stiele selbst anzufertigen. Am besten eignet sich dazu das Holz des Pfaffenhütchenstrauches, aber auch andere weiche Holzarten sind denkbar. Den Grobzuschnitt erledigt ein scharfes Messer, den glatten Schliff ein Stück Sandpapier. Es sind mindestens drei Stielstärken ratsam, da ja auch die Kieldurchmesser variieren (Abb. 6, 7).

Öle

Über die Malmittel, sprich Öle, könnte man viel erzählen. Die Vielfalt der benutzten Balsame, Medien, Tinkturen usw. verwirrt oft sogar den Fachmann. Für die Geschirrmalerei jedoch genügen uns die seit mehreren hundert Jahren gebräuchlichen. Die Figuren, Staffage sowie verschiedene Flächendekorationen benötigen sicher einige zusätzliche Öle, da deren Technik eine andere ist. Uns jedoch genügt das bewährte Terpentinöl in verschiedenen Konsistenzen. Terpentinöl hat die für den Porzellanmaler lobenswerte Eigenschaft, über den Rand des Aufbewahrungsgefäßes »hinwegzukriechen«, was durch die hohe Oberflächenspannung dieses Öls zu erklären ist. Bei diesem Vorgang dickt das Öl allmählich ein, und es entsteht das unentbehrliche Dicköl. Man braucht also nur Terpentinöl in ein relativ kleines Gefäß zu geben, das wiederum auf etwa eine Untertasse zu stellen, und schon entsteht das benötigte Mal-, bzw. Dicköl ganz von selbst. Wenn dieser Ablauf aber zu lange dauert, setzt man dem Terpentinöl mit etwas Hitze zu, und schon »kriecht« es um einiges schneller. Es ist immer ratsam, etwas Terpentin an einem ruhigen Ort vor sich hin altern zu lassen, um jederzeit sauberes Dicköl zur Hand zu haben. Viele Manufakturen verwenden heute bereits eingedickt geliefertes Öl, aber warum soll man sich nicht bemühen, einige der überlieferten Malertraditionen zu erhalten (Abb. 16).

Benötigt wird jetzt noch etwas Spiritus oder entsprechende Verdünnung, um die Pinsel vor dem Wechsel der Farbe auszuwaschen. Hierzu muß allerdings auch erwähnt werden, daß solche Lösungsmittel dem Naturhaar sehr zusetzen, indem sie ihm das natürliche Fett entziehen und es alsbald spröde und störrisch machen. Deshalb ist auch hierbei Terpentinöl besser zur Verwendung. Sollte für jede Farbe ein eigener Pinsel zur Verfügung stehen, so erledigt sich dieses Thema von selbst. Ganz ohne Spiritus, bzw. Lösungsmittel geht es allerdings doch nicht, da wir damit vor Beginn der Malarbeit den weißen Scherben fett- und schmutzfrei reiben müssen. Auch zur gründlichen Reinigung der Spachtel und des Radiermessers ist Spiritus günstiger als Terpentin.

Nun noch zum Nelkenöl, das vor allem zum längeren Frischhalten der Farben gebraucht wird. Durch seine natürliche Beschaffenheit trocknet es nicht so schnell an wie andere Öle und hält so, vor allem in der Lochpa-

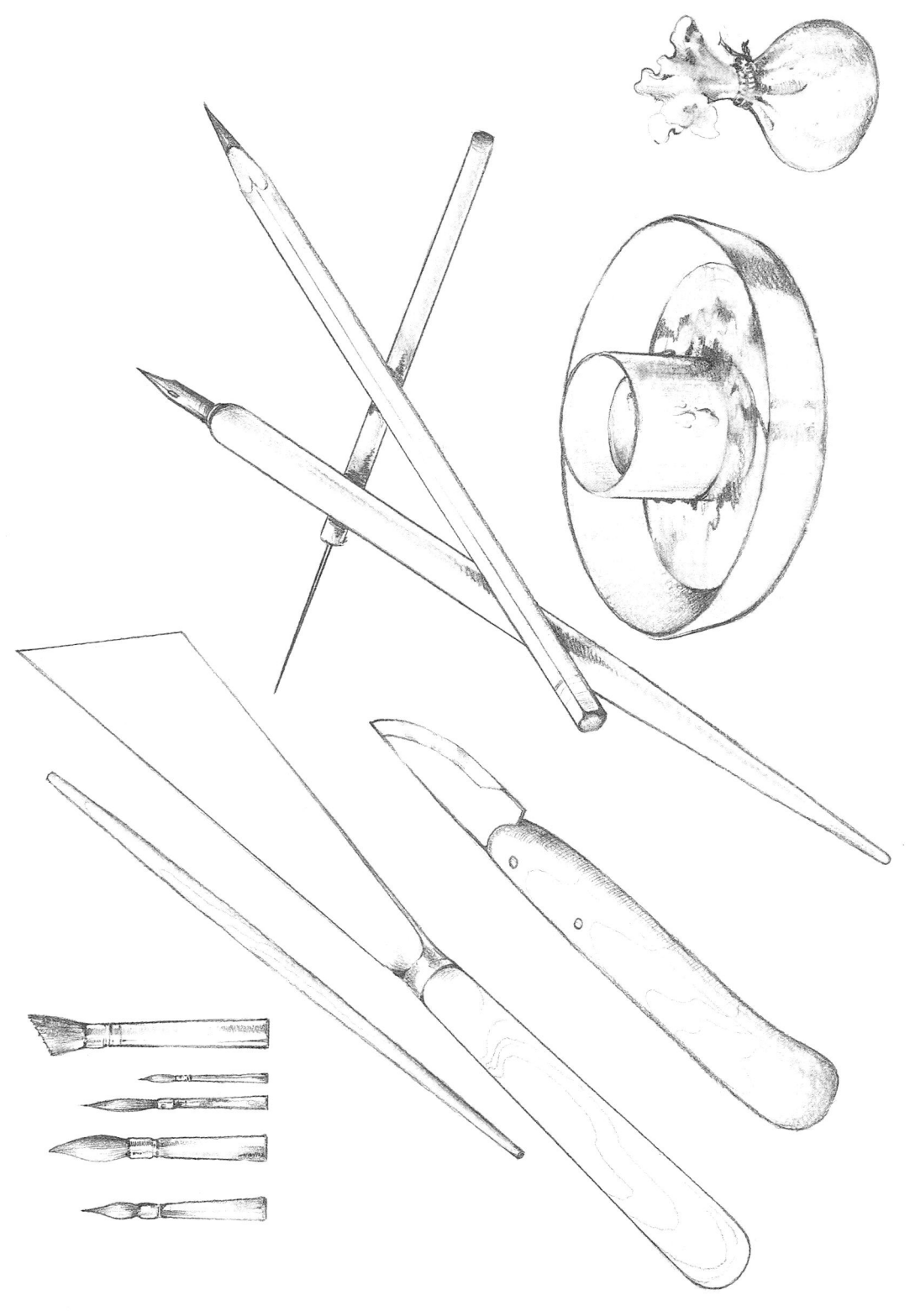

3 Die »Grundausstattung« eines Porzellanmalers (siehe auch Text).

lette, die Farben lang malfähig. Zum Malen selbst ist es jedoch nur sehr bedingt einsetzbar, da es die Farbe sehr »treibt« und so genaue Konturen erschwert. Es eignet sich also eher zum Stupfen von glatten Flächen oder zum Mischen und Verarbeiten mit Terpentin. Dazu wird nachher beim Farbeaufspachteln noch etwas zu sagen sein.

Farben

Zum größten Teil sind es Metalloxydfarben in Pulverform, die in kleinen Behältern, Tüten, Gläschen oder Tuben angeboten werden. Ich persönlich empfehle Ihnen, diese Farben nur in Pulverform zu erwerben und selbst aufzuspachteln, da man dabei das Gefühl für das Farbe-Öl-Gemisch bekommt, was für verschiedene Techniken unterschiedlich sein kann und muß. Informieren Sie sich beim Kauf auch über Bleigehalt und Giftstoffe, falls die bemalten Sachen als Speisegeschirr benutzt werden. Es gibt nämlich sehr farbenfrohe Paletten von hoher Leuchtkraft, die sich allerdings wegen des Bleigehalts nicht für Speisegeschirr eignen. Wandteller, Figuren, Vasen oder ähnliches kann man bedenkenlos damit bemalen. Die Bleigefahr besteht nämlich nicht bei bloßem Berühren der Gegenstände, sondern durch die Reaktion von z. B. Essig, scharfen Saucen, Fisch und dergleichen mit der Malerei.

Eigentlich ist von all den vielen Farbnuancen und Tönen, die zur Verfügung stehen, nur eine gewisse Grundpalette nötig, aus der mit der entsprechenden Erfahrung viele weitere Zwischentöne gemischt werden kön-

Das bringt sowohl die Erfahrung als auch Grundregeln des Mischens mit sich, die durch einige Probebrände gefestigt werden, genaueres dazu im Kapitel über die Aufbereitung der Farbe, S. 20.

Paletten, Spachtel, Radiermesser

Die Farben aufzuspachteln und für mehrere Verarbeitungstage aufzubewahren, kann ebenfalls in unterschiedlichen Arten erfolgen. Die üblichste ist eine einfache Glaspalette von ca. 10 x 15 cm. Hierbei bietet sich die Möglichkeit, für jede der verwendeten Farben eine eigene Palette zu erstellen, und diese in einem sogenannten Palettenschieber – das ist ein langes, sehr dünnes Schubfach am Arbeitstisch – aufzubewahren. Da dies vor allem für den Laien zu umständlich wäre, schlage ich ein selbstgefertigtes Palettenkästchen vor, bei dem für jede der ca. 5 mm hohen Paletten ein separates Fach geschaffen wird. Es ist sehr einfach aus Pappe oder dünnem Holz zu fertigen und erlaubt auf engstem Platz die Unterbringung vieler einzelner Paletten mit den entsprechenden Farben.

Diese Art der Palette erlaubt aber nur die Verwendung einer, höchstens drei verschiedener Farben zur gleichen Zeit, da ja die einzelnen Paletten am Arbeitsplatz entsprechend viel Raum einnehmen. Dazu kommt natürlich noch, daß jede Farbe jeden Tag neu aufgespachtelt werden muß. Ein Vorteil ist das für Maler, die eine längere Zeit nur ein und dieselbe Farbe benötigen. Das wird vor allem bei Facharbeitern in Porzellanmanufakturen der Fall sein. Bei Maltechniken, bei denen in einem Arbeitsgang mehrere Farben auf einmal und ineinander gemalt werden, sind diese Glaspaletten jedoch nicht ideal. Bei der naturalistischen Blumen- und Früchtemalerei, bzw. dem Malen von wenigen Stücken am Tag, eignen sich die sogenannten Lochpaletten wesentlich besser. Das sind ca. 12 x 20 cm große Flächen, in denen schon die Vertiefungen zur Aufbewahrung der Farben eingebracht sind, und die es

zum Teil aus Keramik oder auch Kunststoff gibt. Man kann so auf relativ wenig Platz um die 20 Farben aufgespachtelt aufbewahren und muß diese am nächsten Maltag nur noch umrühren. Wichtig dabei ist selbstverständlich das richtige Öl-Farbe-Verhältnis, da sonst auch in der Lochpalette der Farbbrei austrocknen oder verdicken kann.

Zurechtgerieben wird das Farbpulver mit dem Ölgemisch auf einer Spachtel, die es auch wieder in den unterschiedlichsten Typen und Größen gibt. Das beste für unsere Zwecke ist ohne Zweifel eine weiche, aber scharfe Stahlspachtel mit schräger Schneide und Holzgriff. Die ideale Form für unsere Zwecke zeigt Abbildung 3.

Vielerorts wird auch noch mit dem Glasläufer bzw. -mörser gearbeitet. Diese Technik eignet sich jedoch besser, um ein relativ dünnes Farbmedium von größerer Menge anzureiben, mit dem es sich z. B. mit der Spritzpistole gut arbeiten läßt. Dabei wird das Farb-Öl-Gemisch mit dem schweren Glasläufer auf der Glaspalette zerrieben, bis ein cremiger und dünnflüssiger Verarbeitungszustand erreicht ist, der eine gute Weiterverwendung garantiert.

Oft angeführt wird auch noch die Hornspachtel, die mir aber ebenfalls ungeeignet erscheint und allenfalls in der Golddekoration Anwendung finden sollte, da hierbei der Eisenabrieb der Metallspachtel nachteilig sein könnte.

Das Radiermesser (vielerorts wird auch eine Radiernadel verwendet) sollte ein »gestutztes« kleines Messer sein, welches eine kurze gekrümmte Klinge hat, die auf einer Seite angeschliffen ist. Wichtig ist eine gute Spitze und eine scharfe Klinge ohne Grat. Das Radiermesser ist sehr wichtig zur Erlangung effektvoller Lichtpunkte in der Malerei, indem man an bestimmten Stellen die zuvor gemalte Farbe teilweise wieder wegnimmt, um so Blattumschläge oder Konturen zu betonen. Eine Radiernadel dagegen bietet durch ihre ausgeprägte Spitze nur die Möglichkeit, sehr dünne Linien in eine Farbflä-

4 Der Einsatz des Radiermessers: Aus der fertig ausgearbeiteten Rose werden mit dem Messer Lichteffekte herausgenommen, die der Blume Plastizität und ein hohes Maß an Perspektive verleihen. Wichtig ist, die Umschläge an den Stellen herauszuarbeiten, an denen der Kontrast von Hell und Dunkel besonders groß ist (z. B. im Kern, an den Umschlägen der Schattenseite und im Grenzbereich zu anderen Blumen im Bukett). Auch kleine »Ausrutscher« können nach dem Antrocknen leicht behoben werden.

wünschten dunklen Farbtönen führt. Diese brennen zwar wieder heraus, können aber den Malprozeß stören; geeigneter ist also ein Stift, der einen zarten Grauton aufbringt.

Feder und Federhalter stellen keine besondere Schwierigkeit dar. Es gibt ein großes Angebot an Stahlfedern, von denen schon eine kleine mit guter Spitze genügt. Empfehlenswert ist sorgsames Behandeln der Spitze mit extra feinem Sandpapier, um den durch die Herstellung bedingten Grat zu entfernen.

che zu ziehen. Will man etwas mehr Fläche bearbeiten, endet das allzuoft in einer einzigen Kratzerei. Siehe dazu ein Beispiel in der Abbildung 4.

Fettstift, Federhalter

Zum Aufzeichnen des Dekormotivs auf das Porzellan eignet sich ein handelsüblicher Stift für glatte Oberflächen wie Glas, Kunststoff und Porzellan. Wichtig ist hierbei, daß er nicht zu schwarz und schwer zeichnet, da das später bei der Berührung mit der Farbe zu uner-

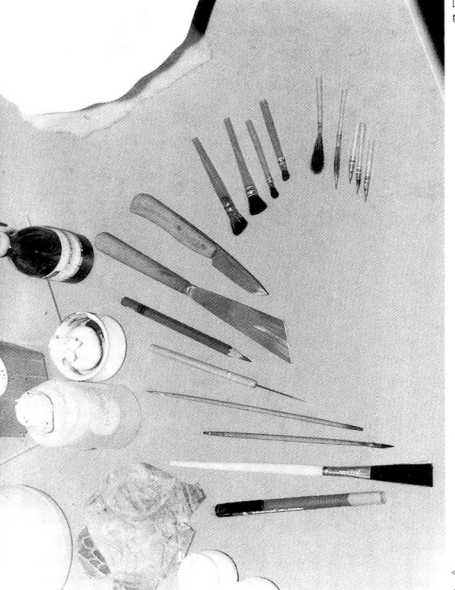

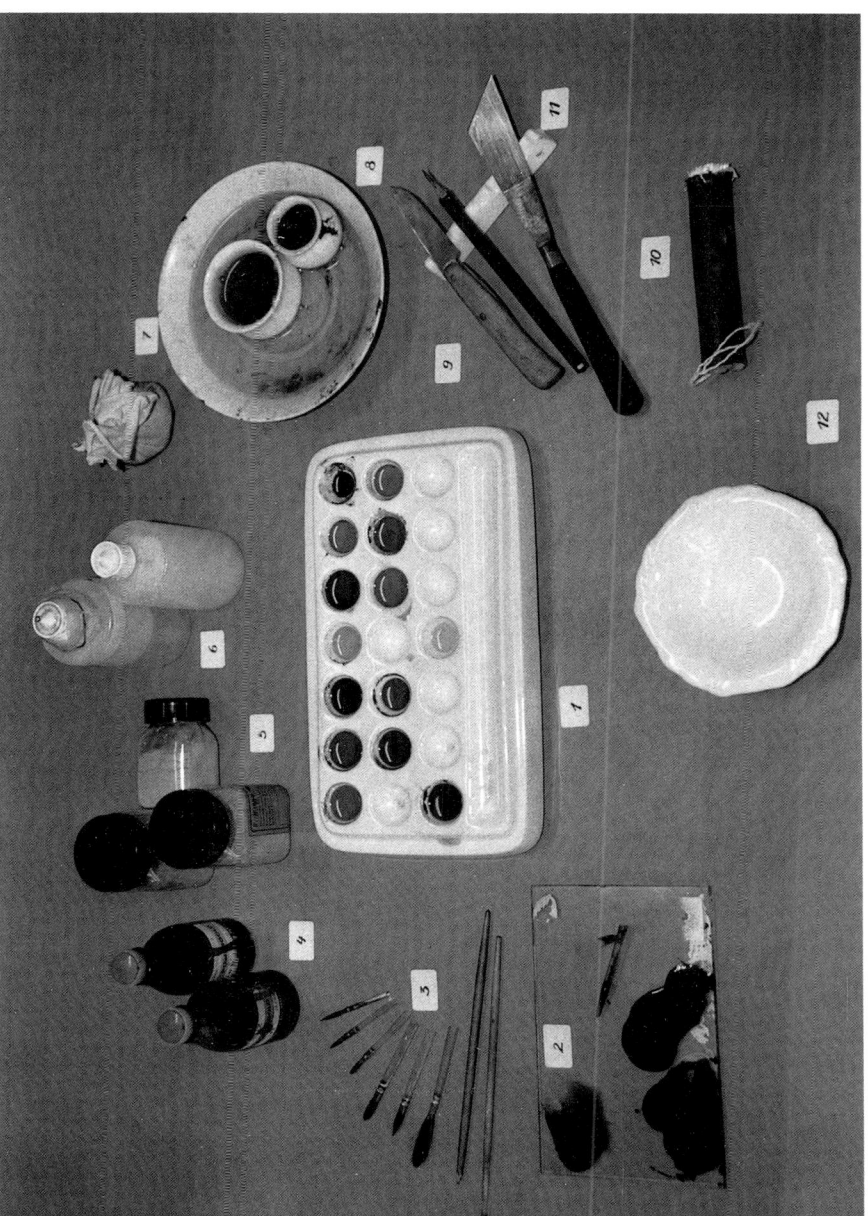

5 Die praktische Anordnung der Arbeitsmittel ermöglicht ein rationelles Arbeiten.

6 und 7 Das umfangreiche Instrumentarium für die Porzellanmalerei. Auf Abbildung 7 erkennen wir:

1 Lochpalette mit aufgeriebener Farbe
2 Glaspalette für den Malvorgang
3 Diverse Pinsel und Pinselstiele
4 Edelmetallpräparate (Gold und Platin)
5 Keramische Farben in Pulverform
6 Malmittel (Öle, Lösungsmittel)
7 Pausbeutel
8 Ölzucht
9 Radiermesser, Spachtel
10 Goldpolierbürste (Glasfasern)
11 Pinselbänkchen zum Ablegen
12 weißer Scherben

ARBEITSTISCH

Für eine gute Porzellanmalerei ist der Arbeitsplatz ebenso wichtig wie Pinsel und Farbe. In all den verschiedenen Porzellanmanufakturen und Betrieben gibt es eine Vielzahl von Varianten. Schon die voneinander abweichenden Techniken der zu bemalenden Gegenstände verlangen das. Für die Geschirrmalerei empfiehlt sich jedoch das sogenannte Malpult. Es besteht einfach aus einer höhergestellten Auflagefläche für den pinselführenden Arm, unter die der jeweils zu bemalende Gegenstand zu halten ist (Abb. 9). Das heißt also, der linke Arm, der den Gegenstand hält, liegt auf der Tischfläche auf und bietet so auch eine ausreichend ruhige Lage des Scherbens, und der rechte, malende Arm ruht etwas erhöht auf dem Malpult. Im U-förmigen Einschnitt des Pultes kann nun sehr fein und in ruhiger Lage gemalt werden. Die genaue Haltung erkennt man in Abbildung 10.

Da auch verschieden große Gegenstände bemalt werden, ist es ideal, wenn das Malpult in der Höhe verstellbar ist. In einigen Manufakturen ist das Malpult deshalb auf einen Metallrahmen aufgebracht und steckt mit einer Stange an der rechten Seite im Rohrrahmen des Tisches, wo es von zwei Flügelschrauben gehalten wird. Nach Lösen dieser Schrauben kann man es bequem in jede beliebige Höhe bringen. 10 cm für Tassen oder 30 cm für Terrinen. Für den Hobbymaler wird wohl das feststehende, ca. 12 bis 15 cm hohe Standpult ausreichen müssen (Abb. 8).

Es ist sehr einfach und preiswert herzustellen. Die Auflage mit dem U-förmigen Ausschnitt bildet die Oberseite. Jetzt brauchen nur noch die drei Standseiten angebracht zu werden, die das ganze Pult auf der Tischplatte stehen lassen. Größe und Form entnehmen Sie bitte der Abbildung 8.

Um den Arbeitsplatz sind Palette, Pinsel, Ölzucht usw. so anzuordnen, daß die Benutzung dieser Dinge nicht unnötig erschwert wird. Es gibt z. B. eine alte Regel der Porzellanmaler, den Weg von Pinsel - Öl und Pinsel - Farbe - Palette möglichst kurz zu halten. Entstanden ist diese Faustregel aus dem Einführen des Stückakkords in vielen Betrieben und dem dadurch entstandenen Bestreben, beim »Farbeholen« mit dem Pinsel Zeit zu sparen. Beim Malen auf dem Scherben konnte man keine Zeit einsparen, das wäre auf Kosten der Qualität gegangen. Für den Hobbymaler ist dieser Gesichtspunkt natürlich unerheblich. Verwendet man also einzelne Glaspaletten, mit jeweils nur einer Farbe, ist die ideale Reihenfolge der Anordnung auf dem Malpult von links nach rechts: Glaspalette - Öl - Ablage von Pinseln, Fettstift, Spachtel usw. Bei dieser Anordnung hat man auch die Palette genau vor sich und so immer einen Überblick über Farbstärke und Fettigkeit. Ein Tip noch: Legen Sie unter die Glaspalette stets ein Stück weißes Papier. Sie können so immer sehen, in welcher Intensität die Farbe auf den Scherben kommt, wo ja auch der weiße Untergrund mitwirkt.

Bei Benutzung der Lochpalette sollte man diese oberhalb des Malpultes auf einer entsprechenden Unterlage abstellen, davor auf dem Malpult die Glaspalette zum Mischen, und Ölzucht und Pinselablage ebenfalls rechts davon. Diese Anordnung hat sich bei Porzellanmalern seit Jahrzehnten bewährt. Bei der Figuren- oder Unterglasurmalerei sind die Sitzhaltung des Malers und auch die Handhabung des Scherbens anders.

Jetzt fehlen noch ein paar fussel- und staubfreie Farblappen zum Spachtel-, Paletten- und Pinselreinigen.

Bevor nun alles zur Malerei bereitet ist, noch etwas zu einigen gesundheitlichen Aspekten der Porzellanmalerei. Bemühen Sie sich, möglichst immer aufrecht zu sitzen. Ein in der Höhe verstellbarer Stuhl löst dieses Problem zusammen mit dem verstellbaren Malpult. Auch sollte man nie zu nah mit den Augen am Scherben »kleben«. Wer acht Stunden am Tag auf den grellen weißen Scherben schaut, wird bald merken, wie anstrengend das für die Augen ist.

Mindestens 20 cm Abstand sollte man einhalten. Den Blendeffekt der Arbeitsleuchte kann man mit etwas Transparentpapier vor der Lichtquelle angenehm verringern. Am besten ist es natürlich, wenn man bei genügend Tageslicht gar kein Kunstlicht benötigt. Aber auch dabei ist grelles Sonnenlicht zu vermeiden.

Es gibt Menschen, die allergisch auf ätherische Öle und Lösungsmittel reagieren. Manchmal hilft dagegen einfach das Tragen von dünnen Stoffhandschuhen, bzw. das Vermeiden von unmittelbarem Kontakt der Malmittel mit der Haut. Sollten sich dennoch Beschwerden einstellen, so hilft sicher der Rat des Arztes. Das gründliche Reinigen der Hände nach Berührung mit Öl oder bleihaltiger Farbe sollte ohnehin selbstverständlich sein.

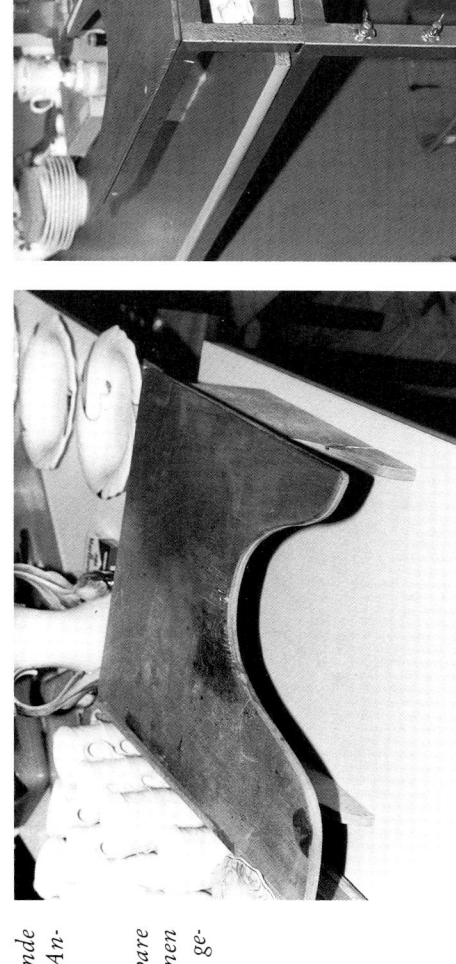

8 Das einfach herzustellende Standpult ist ideal für den Anfänger geeignet.

9 Das in der Höhe verstellbare Tischpult wird im Tischrahmen von zwei Flügelschrauben gehalten.

10 Zu einem perfekt ausgerüsteten Arbeitstisch gehört neben dem Malpult und den Malutensilien auch eine Arbeitslampe, und wenn möglich eine Rückwand, die zum Abstellen der Öle, Pinselstiele etc., aber auch zum Anbringen von Vorlagen, Studien oder Fotos dient.

BRENNEN DES BEMALTEN PORZELLANS

Haben wir die Dekoration, das Golden (s. dort) und die Endkontrolle hinter uns gebracht, ist es an der Zeit, ans Brennen der jeweiligen Gegenstände zu gehen. Dabei benötigt jede Farbpalette ihre eigene Temperatur. Da die Metalloxydfarben aber mit ca. 800° C geschmolzen werden, stellt dies keine besonders große Anstrengung dar. Die wichtigsten Grundregeln seien hier zusammengefaßt:

— Es ist unumgänglich, eine saubere Atmosphäre im jeweiligen Brennofen zu schaffen, d. h., saubere Luft in der Muffel zu garantieren. Oft ist zu sehen, daß in einem Ofen mehrere, keramisch völlig unterschiedliche Artikel gebrannt werden. Das hat den Nachteil, daß durch eine verschmutzte Atmosphäre Fehler auf dem Porzellan erscheinen können. Trennen Sie deshalb unbedingt Grobkeramikbrände von denen der Porzellanmalerei.

— Verfahren Sie je nach der Ihnen zur Verfügung stehenden Muffel. Es gibt Öfen, die mit der sogenannten Brennkurve schmelzen. Dies hat den Vorteil, daß Sie langsam aufheizen können, ohne ein zu schnelles Erhitzen des Scherbens zu riskieren. Ist die gewünschte Temperatur erreicht, wird sie in erforderlicher Höhe einige Zeit gehalten und gewährleistet so ein optimales Durchglühen der Farben.

— Viele im Handel angebotene Farbpaletten unterscheiden sich in der Brennhöhe und sollten deshalb auch nur untereinander gemischt werden, um Reaktionen unterschiedlicher Farben von mehreren Herstellern zu vermeiden. Benutzen Sie stets nur eine Marke und suchen Sie die für Sie am besten geeignete aus. Unabdingbar sind dafür sicher einige Probebrände, um zu sehen, mit welchen Farben Ihnen die Malerei gelingt. Man muß nämlich wissen, daß einige Hersteller Farben im Angebot haben, die sich nur bei sehr viel Routine und Erfahrung mischen lassen. Es sollte Sie also nicht resignieren lassen, wenn die ersten Brände nicht sofort gelingen.

— Achten Sie bitte auch auf die unterschiedlichen Porzellanarten, die Ihnen begegnen, wenn Sie die Weißware kaufen. Das sogenannte Knochenporzellan (Fine Bone China) verträgt z. B. keine 800° C. Durch die relativ weiche Glasur könnten bei mehr als 760° C die Motive leicht verschwommen und wäßrig wirken. Die Zusammensetzung des Scherbens hat also durchaus Einfluß auf das Gelingen der Malerei. Das bedeutet aber nicht, daß Bone China keine höheren Temperaturen vertragen könnte. Es geht nur um die weiche Glasur, die über 800° C sehr flüssig wird und so kaum scharfe Konturen erlaubt.

— Der Dunstabzug, der durch das am oberen Ofendach angebrachte Abzugsloch erreicht wird, muß gewährleistet sein. Durch zeitweises Offenhalten des Sichtlochs an der Ofentür kann man den Abzug der entstehenden Farb- und Öldämpfe unterstützen. Dies ist besonders nach Abschluß des Brennvorganges wichtig, um ein Abkühlen des Ofens zu beschleunigen. Vorsicht ist allerdings bei einem vorzeitigen Öffnen der Ofentür geboten, da es schnell zu Rissen und Sprüngen im Porzellan führen kann. Vor einem Absinken der Temperatur auf 300° C sollte man den Ofen keinesfalls öffnen, da sonst die gesamte bisher geleistete Arbeit gefährdet wäre.

— Ein Wort noch zum Setzen der bemalten Ware. Man kann mehrere Etagen aus Schamotteelementen aufbauen, auf und in die möglichst viele Teile untergebracht werden. Schließlich wollen wir den zur Verfügung stehenden Brennraum optimal ausnutzen. Man muß aber bedenken, daß im Ofen an verschiedenen Stellen unterschiedliche Temperaturen herrschen. Setzen Sie Motive mit ausgesprochen harten Farben (Purpur, Rot, Violett) nach außen an den Rand des Ofens, da hier die Heizspiralen unmittelbar einwirken, und jene mit vielen Flußanteilen (Indischmalerei) nach innen bzw. nach vorn an die Tür.

Beim Setzen selbst achten Sie darauf, keine feinen Splitter oder Stücke der feuerfesten Platten auf die Geschirrteile fallen zu lassen, da es sonst ungewollte Einschmelzungen winzigster Teilchen geben könnte, die sich fest mit der Glasur verbinden. Blasen und unschöne Erhebungen wären das Resultat. Zusammenfassung des Schmelzbrandes in der Elektrostandmuffel

a) Vorgewärmte Muffel mit Brandgut besetzen. Schließen der Tür mit offenem Sehloch.

b) Einschalten des Ofens, bei ca. 150° C beginnen die Malmittel zu verdampfen, Sehloch weiterhin geöffnet halten.

c) Ab 400°-450° C sind die harzigen Bestandteile der Malmittel zersetzt, Steigerung der Hitzezufuhr.

d) Schließen des Sehlochs und Erhöhung der Temperatur auf gewünschtes Höchstmaß, Ablesen der Temperatur am Pyrometer, Abschalten, langsames Abkühlen des Ofens gewährleisten, Sehloch öffnen.
e) Tür nicht bei über 300° C öffnen, langsame Abkühlung gewährleisten.

Sollten Sie keinen eigenen Brennofen besitzen, vertrauen Sie die gemalte Ware einem routinierten Keramiker in Ihrer Umgebung an. Er wird Ihnen Tips und Ratschläge geben, und Sie werden an den Ergebnissen lernen, die Porzellangegenstände beim abschließenden Brand richtig zu behandeln.

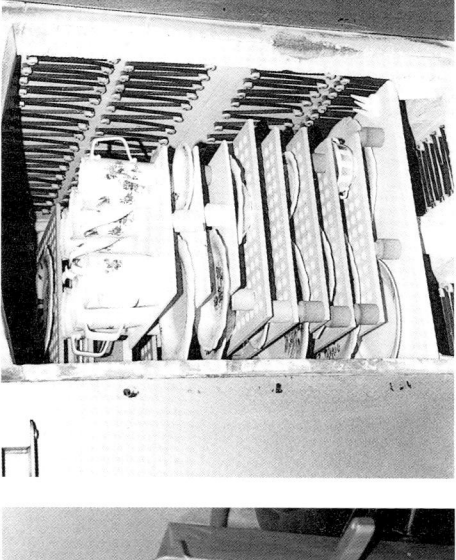

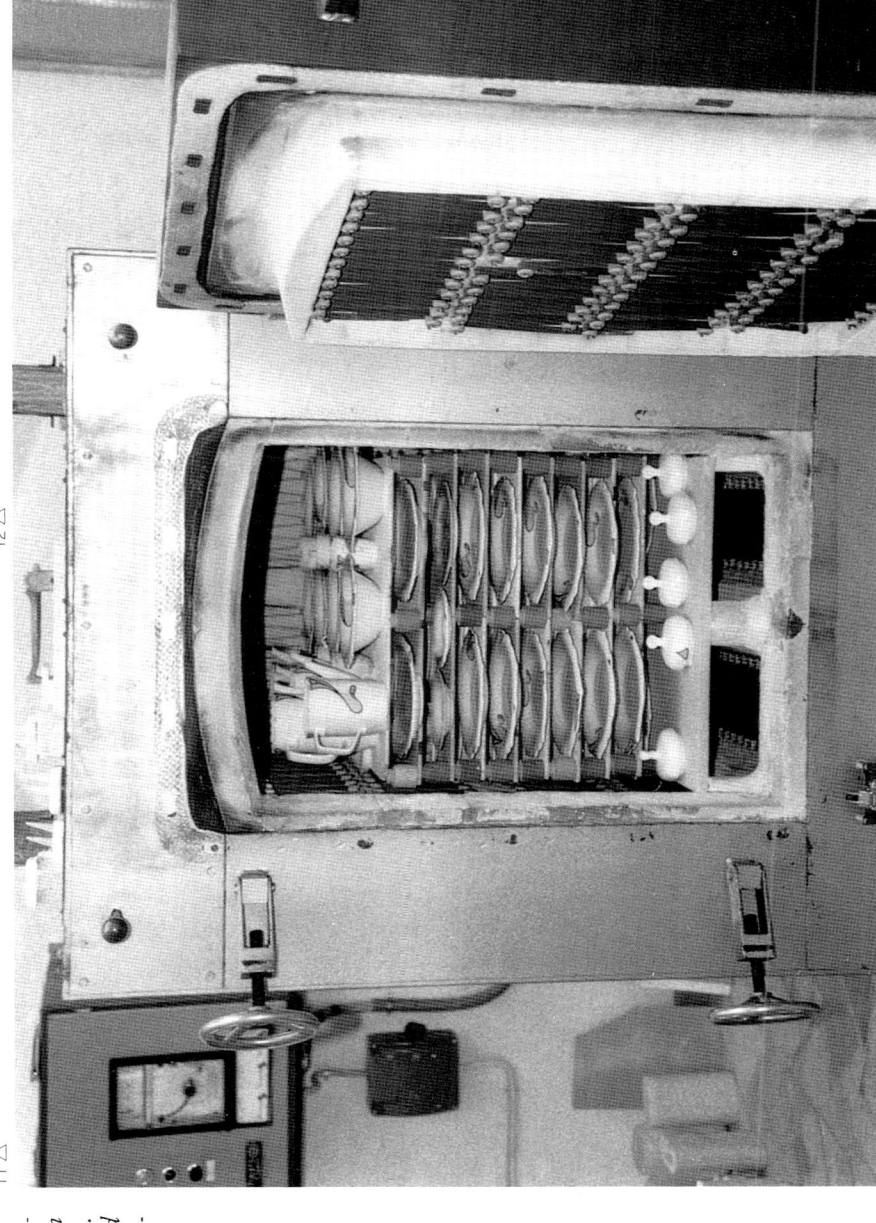

11 Kleiner Muffelofen für höchstens fünf bis sechs Gegenstände. Er hat in jedem Kellerraum Platz und ist im Nachtbetrieb ausgesprochen kostengünstig.

12, 13 Beschickung eines größeren Muffelofens mit bemalten Gegenständen in Etagenform. Im Inneren und an der Türe sind deutlich die Heizwendeln erkennbar.

VOR DEM MALEN

Lockerungsübungen

Es ist bei jeder Malerei gut, vor deren Beginn die pinselführende Hand etwas zu lockern und »weich« zu machen. Ideal dafür sind ganz willkürliche Skizzen mit dem Bleistift auf Papier. Auf einem Blatt (DIN A 3) beginnt man, ganz großzügig Kurven, Bogen und Ornamente zu zeichnen, ohne daß der Zeichenfluß unterbrochen wird, d. h., alles geht ineinander über, ohne daß der Stift abgesetzt wird (Abb. 14/15). Diesen fließenden Strich vollziehen wir etwa zehn Minuten lang und bemühen uns gleichzeitig um eine gute Aufteilung der Fläche. Man kann also bereits hierbei üben, eine relativ große Fläche kompositorisch gut zu gestalten. Am Anfang erscheint dieser Arbeitsschritt langweilig, aber er lohnt sich ganz gewiß. Die Hand wird geschmeidig, und der Pinsel läßt sich viel besser führen.

Vorbehandlung des Scherbens

Bevor man nun auf dem Porzellan beginnen kann zu malen, muß der weiße Scherben gründlich von Staub und Fettresten gereinigt und dann getrocknet werden. Jede dieser Verschmutzungen kann beim Brennen ungewollte Folgen haben und die Malerei beeinflussen. Das beste ist das Abreiben mit Spiritus und einem staubfreien Lappen. Aber auch ein Spülmittel eignet sich. Jetzt suchen wir das Geschirr noch nach etwaigen Fehlern in der Glasur oder im Scherben ab, um diese beim Malen eventuell verdecken zu können. In Frage kommen da Risse oder durch den Eisenabrieb des Mahlwerkes der Porzellanmasse entstandene Oxydflecke. In den meisten Fällen lassen sich solche Mängel durch ein kleines Streublümchen o. ä. verdecken. Haben wir nun die gereinigten Stücke vor uns, kann aufgezeichnet werden.

Bei den sogenannten Flachteilen (Teller, Untertassen, Wandteller usw.) gibt es immer die Möglichkeit der Dekoration genau in der Mitte, oder um den Rand, die Fahne, herum angeordnet. Bei der Variante in der Mitte kann man nicht viel falsch machen, da hierbei ein zentrales Motiv vorherrscht, das gegebenenfalls noch mit ein paar Streuern am Rand dekoriert wird. Bei der Variante auf der Tellerfahne hingegen muß man schon auf Größenverhältnisse und Anordnung achten. Es gibt vielerlei Möglichkeiten. Verbreitet ist die Dreiteilung. Sie besteht aus einem Hauptmotiv, einem kleineren Nebenmotiv und einem Streuer. Aber auch nur ein Hauptmotiv, das zwei Drittel des Randes ziert, ist sehr dekorativ. Und natürlich kann auch das durchgehende Rundummotiv reizvoll sein. Bei diesem sollten allerdings Blütengrößen und Blattwerk variieren, um nicht eintönig zu wirken.

Bei den Hohlteilen (Kannen, Tassen, Vasen usw.) legt man oft eine Vorder- und Rückseite fest oder wählt einen Volldekor, der um das ganze Objekt läuft. Will man Vorder- und Rückseite gestalten, so gilt die Faustregel, daß diejenige Seite vorne ist, bei der der Henkel nach rechts zeigt. Hier postiert man also das Hauptmotiv. Bei Hohlteilen ohne Henkel wie etwa Vasen, Dosen o. ä. bevorzugt man als Vorderseite eine Stelle, an der z. B. ein Fehler zu verdecken ist oder eine durch die Herstellung bedingte Naht zu sehen ist. Das Hauptmotiv selbst sollte eine gewisse Spannung erzeugen, also am interessantesten sein, um von Streuern und Beiwerk wieder gelöst zu werden. Beispiele zeigen die Abbildungen 46, 47).

Die Zusammenstellung von Blumenbuketts geschieht ebenfalls nach gewissen Regeln. In der Mitte plazieren wir eine (oder bei größeren Gegenständen zwei bis fünf) Hauptblume. Um diese ordnen wir die sogenannten Bindeblumen an, die etwas kleiner sein sollten. Zur Ausschmückung folgen schließlich die Durchzüge, aneinandergefügte Streublümchen also.

Die Aufteilung selbst muß dem jeweiligen Gegenstand angepaßt werden, d. h., eine hohe längliche Vase z. B. braucht ein nach oben »gezogenes« Bukett. Wir bezeichnen das als oval stehend (Abb. 38, 39, 44). Eine gedrungene Terrine hingegen braucht ein oval liegendes. Man kann das Geschirr auch ganz mit kleinen Streublümchen verzieren, die fast in fester Ordnung aufgezeichnet werden.

Die Komposition des Dekors

Für die Komposition gilt in erster Linie, daß das Stück ausgeglichen dekoriert, also nicht die ganze Malerei auf einen Fleck gebracht, sondern harmonisch verteilt wird. Man kann auch – wie im Barock üblich – ein Stück sehr überladen und prunkvoll gestalten, das bleibt natürlich dem Geschmack des Malers oder des Auftraggebers überlassen.

tragen werden. Bei Landschaften, Portraits, Stilleben u. ä. wählt man hingegen fast immer die Mitte des Gegenstandes oder eines Fonds. Ränder und Kanten werden mit Gold geziert. Bei der Indisch- oder Chinamalerei mit fernöstlichen Motiven ist die Komposition dem Maler meist abgenommen, da es sich um eher graphische Muster handelt, die überwiegend auch symmetrisch angeordnet sind. Zudem werden sie meist mit Lochpausen aufgetragen, so daß der Maler nicht frei aufzuzeichnen braucht. Natürlich kann man auch hierbei freie Dekore entwickeln, die sich an Vorlagen anlehnen.

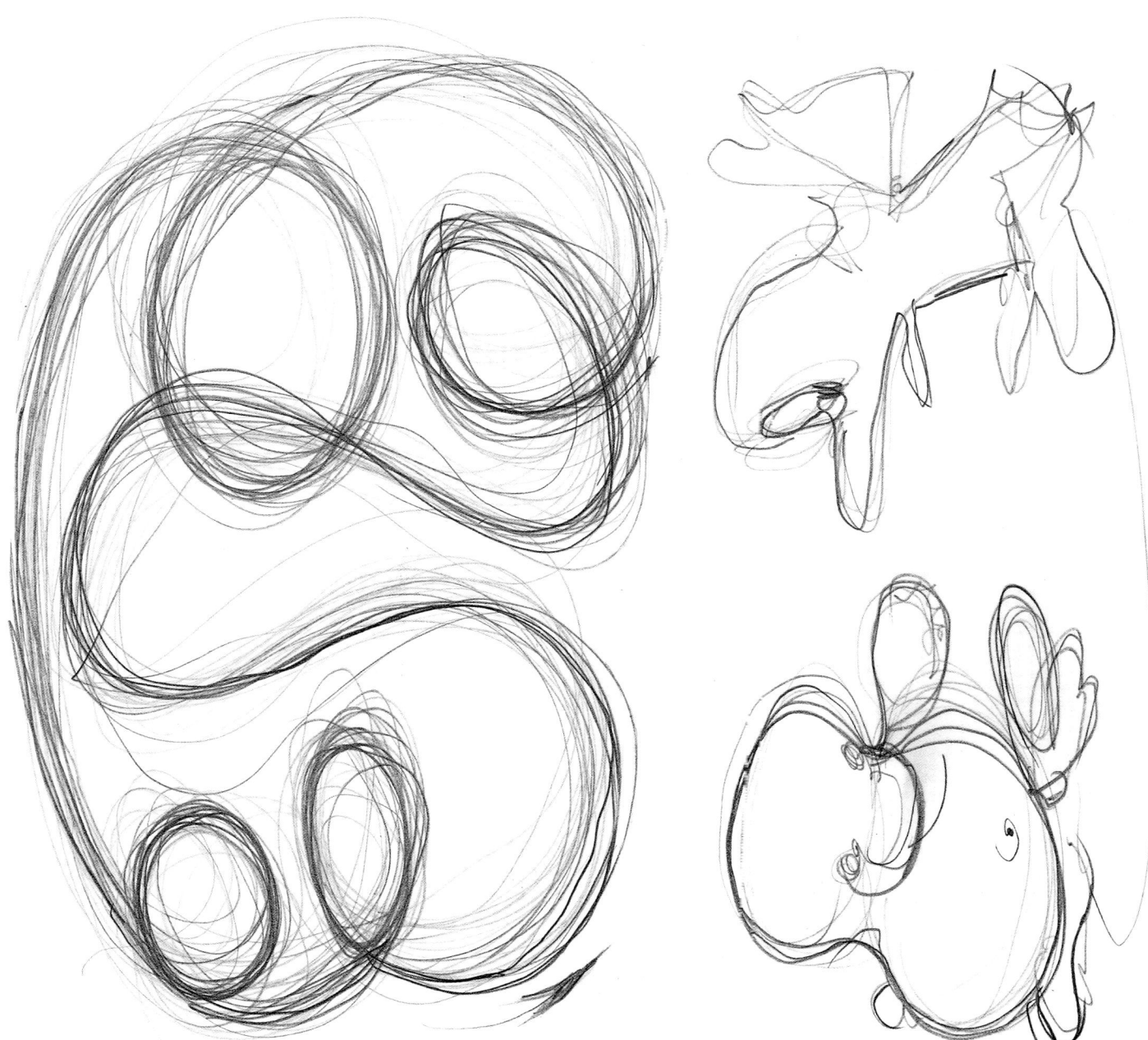

14, 15 Lockerungsübungen sollen ganz freie und ungezwungene Linienführungen erzeugen, die das Handgelenk »weich« machen.

Aufbereitung der Farbe

Das Aufspachteln der Farbe ist nicht schwierig, man muß jedoch je nach Art der Malerei verschiedene Farbe-Öl-Verhältnisse berücksichtigen. Soll die Farbe in der Lochpalette aufbewahrt werden, wird sie neben Dick- und Dünnöl noch mit zwei, drei Tropfen Nelkenöl versetzt, um sie lange malfähig zu halten. Es genügt dann schon ein Umrühren der Farbe im Näpfchen vor dem Malbeginn, und sie ist den ganzen Tag einsatzfähig. Aufgerieben wird sie für die Lochpalette also nur einmal.

Anders ist es bei den Glaspaletten, wo nur je eine Farbe untergebracht ist. Durch die große Angriffsfläche der Luft bei diesen Paletten trocknet die Farbe allmählich an und verdickt. Dann muß erneut frisch gespachtelt werden (etwa jede halbe Stunde).

Doch nun zum eigentlichen Aufspachteln oder Aufreiben, wie es auch genannt wird. Man gibt je nach Bedarf des Motivs bzw. der Anzahl der zu bemalenden Stücke Farbpulver mit der Spachtelspitze auf die Glasplatte. In die Mitte des kleinen Häufchens wird ein kleiner Krater gedrückt, in den man nun zuerst fünf bis sechs Tropfen Dicköl gibt. Dabei schon leicht rühren, aber wie gesagt, die Anzahl der Öltropfen erhöht sich mit der Menge des Farbpulvers. Wichtig ist immer, daß man am Ende einen cremigen, gerade noch von der Spachtel tropfenden Farbbrei erhält. Jetzt gibt man zum Dicköl das dünne Terpentin zu, und zwar soviel, daß der äußere Rand des Farbhäufleins noch trocken bleibt. Nun kann gespachtelt werden. Das geschieht in ständigem Drücken mit der Spachtel auf den Farbbrei sowie durch ein gleichzeitiges Langziehen. Dann wenden wir die Spachtel, schieben die auseinandergezogene Farbe wieder zusammen und drücken sie breit. Somit verbinden sich der Farbkörper und das Öl zu dünn geraten sein, geben wir noch etwas Pulver zu, ist sie zu dick, einen Tropfen Terpentin. Für die Aufbewahrung in der Lochpalette, wie gesagt, noch zwei, drei Tropfen Nelkenöl. Nicht mehr! Manche Farben sind allerdings etwas grobkörnig und müssen daher länger mit der Spachtel bearbeitet werden.

Sollten Sie aber bereits vorbereitete Farbe aus Tuben oder Näpfchen verwenden, verfahren Sie nach deren beigegebener Gebrauchsanweisung.

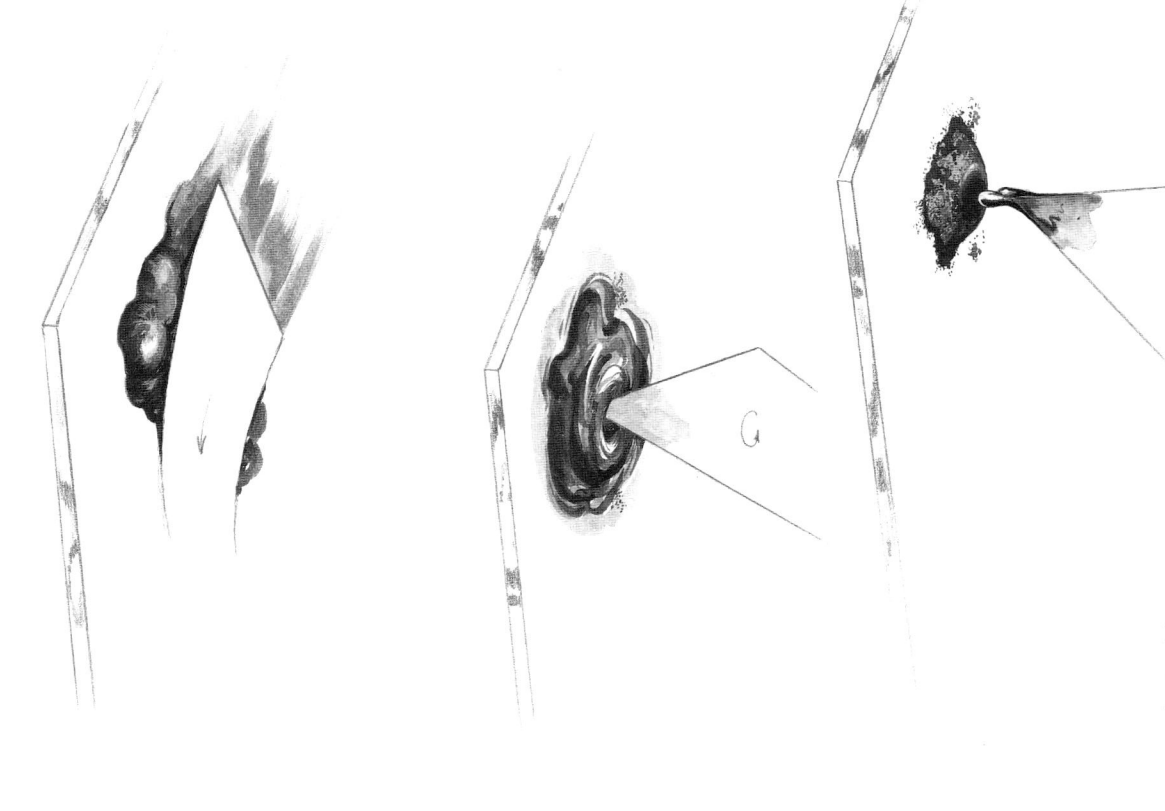

16 *Das Ansetzen der Pulverfarbe mit Öl.*

21 *Aquarellstudie des violetten Federmohns.*

Rosenmalerei

Die typische Porzellanrose wird wegen ihrer Form gern mit dem Kohlkopf verglichen. Das ändert jedoch nichts daran, daß die Rose in dieser Ausführung seit Hunderten von Jahren zu den beliebtesten Blumendekoren der Porzellanmalerei zählt. In kaum einer Porzellansammlung, einem Museum der Keramik, einer privaten Sammeltassenkollektion oder einem Schaufenster von einschlägigen Porzellanhändlern fehlt dieses Motiv, als Einzeldekor oder in Verbindung mit anderen Blumen zum Bukett. Es wird sicher mit ihrer Bedeutung als Symbol der Liebe, des Schönen allgemein, zusammenhängen, daß sie als Dekor so beliebt ist.

22 Rosenstudien nach der Natur.

23 Ein üppiges Rosenbukett, in Purpur gehalten. Es eignet sich besonders für große Wandteller oder Vasen.

Für unser Vorhaben, die Porzellanmalerei zu erlernen, ist sie deshalb so wichtig, weil in ihr alle Techniken enthalten sind, die auch für das Malen anderer Blumen notwendig sind.

Deshalb ist sie so besonders geeignet, dem Anfänger die Hauptmalweisen nahezubringen.

Ausgeführt wird die Rosenmalerei wie auch fast alle anderen Blumenmotive in drei Arbeitsgängen:
– Anlage
– Ausarbeitung
– Schattieren bzw. Tuschen

Betrachten Sie dazu bitte zunächst Abbildung 24.

24 Die bekannte Porzellanrose in den einzelnen Malgängen (Arbeitsanleitung nebenstehend).

Wir benötigen für diese Malerei folgende Farben:
- Hellen Purpur für die Anlage
- Gelbgrün für die Anlage
- Dunklen Purpur für die Ausarbeitung
- Schwarz für die Grünzeichnung
- Dunkelgrün für die Grüntusche

Die dafür erforderliche Pinselstärke muß je nach Größe des Motivs gewählt werden. Bei einem Blütendurchmesser von ca. 4 cm sollte der Pinsel zum Blütenanlegen und Tuschen 4 mm betragen. Für die Zeichnung dagegen 2 mm mit guter Spitze.

Nachdem wir die Farbe und den Scherben wie bereits beschrieben behandelt und vorbereitet haben, können wir nun endlich unseren ersten Versuch starten. Zeichnen Sie sich den Rosenapfel zunächst als einfachen Kreis mit dem Fettstift vor. Probieren Sie zu Beginn gleich mehrere Gegenstände auf einmal, um ein ausreichendes Übungspensum zu absolvieren. Verfahren Sie nun bitte genau nach Abbildung 24.

a) Einstreichen des Pinsels mit einem hellen Farbton des Purpurs, im Halbkreis den Pinsel ausstreichen und dabei nach rechts wandern.

b) Mit dem Pinsel neue Farbe aufnehmen (auf der linken Seite etwas mehr Farbe aufnehmen!), mit zwei breiten Druckern die Schattenblätter andeuten.

c) Farbe aufnehmen, Kern dunkel andeuten.

d) Pinsel mit Terpentin auswaschen, mit sauberem Pinsel Umschlag aus der noch frischen Farbe des Rosenapfels herausziehen.

e) Rose vollständig aufzeichnen.

f) Apfel anlegen, die beiden oberen Hüllblätter anlegen, dabei die beiden äußeren Begrenzungen zuerst malen und dann weich an den Apfel angliedern.

g) Untere Hüllblätter in Pfeilrichtung anlegen.

h) Gesamte Rose mit Grün aufzeichnen, Grün gleichmäßig und ruhig anlegen, Anlage gut trocknen lassen!

i) Rose mit dünnem Pinsel und dunklem Purpur auszeichnen, Grün mit Schwarz ebenfalls nach Vorlage zeichnen.

j) Rose mit hellem Anlagepurpur schattieren, Grün mit Dunkelgrün plastisch schattieren.

k) Rose in naturalistischer Ausführung.

Maniermalerei

Die Blumenmalerei allgemein unterteilt sich in zwei Hauptgruppen. Zum einen die sogenannte Maniermalerei, und als zweites die naturalistische Malerei. In der Maniermalerei werden die Arbeitsgänge in einer ganz bestimmten Reihenfolge abgewickelt. Jede Farbe wird einzeln behandelt. Die allgemeine Arbeitsfolge ist wie bereits erwähnt: Anlage – Ausarbeitung – Schattierung, d. h., es wird jede Farbe extra angelegt und nach dem Trocknen auch einzeln ausgearbeitet. Festlegen wollen wir uns auf insgesamt fünf verschiedene Farben für die Blüten und drei für die jeweiligen Grüntöne.

Blütenfarben: Ein Rot, Purpur, Violett, Blau, Gelb
Grüntöne: Gelbgrün, Blaugrün, Olivgrün

Das bedeutet, daß wir für die Maniermalerei insgesamt folgende Farben benötigen:

Rot: Rot (Eisenrot) für Anlage und Ausarbeitung
Purpur: Heller Purpur für die Anlage und dunkler Purpur zur Ausarbeitung
Violett: wie Purpur
Blau: wie Purpur
Gelb: Sattes Gelb (Sonnen- oder Zitronengelb) für die Anlage und ein Mittelgrau für die Ausarbeitung
Dazu für Variationen der Staubgefäße ein dunkles Gelb sowie ein kräftiges Braun
Gelbgrün
Blaugrün
Olivgrün
Schwarz
Dunkelgrün.

Insgesamt also 16 Farben. Meist wird in der Maniermalerei jede Farbe einzeln für sich auf einer Glaspalette aufbewahrt, da man immer nur eine Farbe zu bearbeiten hat.

Die Maniermalerei hat ihren Namen aus ihrer Technik erhalten, weil all der Arbeitsschritte in einer bestimmten Reihenfolge (Manier) abgewickelt werden.

Im folgenden möchte ich Ihnen einen kleinen Querschnitt durch die hauptsächlichsten Motivblumen der Porzellanmalerei liefern, um auch deren Malweise aufzuzeigen und Techniken zu erklären.

Aster

Die Aster ist ohne Zweifel eine der dekorativsten Blumen für die Porzellanmalerei, obwohl sie rein technisch gesehen sehr schwierig zu malen ist. Bitte halten Sie sich an die Abbildung 27.

a) Aufzeichnen des groben Umrisses und der Blütenstruktur.

b) Nach dem Aufzeichnen erfolgt die Anlage mit hellem Violett in Richtung

c) Noch während die Anlage trocknet, mit ausgewaschenem Pinsel hellen zweiten Blütenkranz herauswischen, dunkelgelben Kern anlegen.

d) Ausarbeitung mit dunklem Violett im Schatten der Blüte beginnen, Drucker wieder in Richtung Mittelpunkt ziehen. Unter dem Lichtkranz Schatten andeuten, Kern leicht ausarbeiten.

e) Äußere Konturen der einzelnen Blätter nachziehen, Blattumschläge und Lichter herausarbeiten, Grün gleichmäßig zart anlegen und mit Schwarz zeichnen, Grüntusche nach Antrocknen einbringen und Kern mit Staubgefäßen durcharbeiten.

Die Aster zählt mit ihren vielen Licht- und Schattenreflexen zu den sogenannten »technischen« Blumen. Das heißt, sie ist mit einer gewissen Technik bereits in der Anlage zu malen, wobei eben Licht und Schatten angedeutet werden. Anders dagegen die Narzisse. Bei ihr wird die gesamte Gelbfläche gleichmäßig im Farbton angelegt, und erst mit der Ausarbeitung kommen Plastik und Perspektive hinzu. Beispiele anderer Blumenarten und ihre Ausführung sehen Sie auf den Abbildungen 28–33.

Ein Tip noch, um ein zu großes Durcheinander von Licht und Schatten zu vermeiden: Legen Sie bei jedem Motiv stets eine Licht- und Schattenseite fest. Wenn man weiß, woher das Licht (rein theoretisch) kommt, fällt es bedeutend leichter, den Schatten in einem Motiv richtig zu plazieren. Eine alte Regel sagt, daß das Licht immer von links oben kommen soll, um eine klare Orientierung zu haben. Sie werden das auch auf den Malereien in diesem Buch beobachten können. Zur Behandlung von Licht und Schatten mehr im Kapitel »Bukettmalerei«, S. 39.

Heckenrose

Wichtig ist bei der Heckenrose, daß sie sehr zart und weich gearbeitet wird, um sie duftig und transparent erscheinen zu lassen. Man kann sie einzeln auf kleinere Gegenstände wie Dosen, kleinere Vasen und ähnliches malen, aber auch als Bukett auf Wandtellern und Geschirrteilen anordnen. Ihre Technik ist für den Lernenden sehr interessant, da auch die Anemone oder die Ranunkel und der Feuermohn in der gleichen Art gemalt werden. Gleich ist immer eine ruhig-zarte Anlage und eine der Wachsumsrichtung angepaßte Ausarbeitung.

25 *Heckenrosenskizzen können anfangs auch erst einmal auf Papier ausgeführt werden.*

Benötigte Farben: Purpur, hell und dunkel
Gelb, hell und dunkel
Gelbgrün, Dunkelgrün und Schwarz
Grau und Braun

Arbeitsablauf nach Abbildung 26.

a) Aufzeichnen der Konturen und Andeuten der Wachsumsrichtung.

b) Mit Purpur hell äußere Blattbegrenzungen in Pfeilrichtung anlegen und in die frische Farbe das zarte Gelb in Richtung Mittelpunkt ziehen, Farbe relativ fettig (Dicköl) malen, und beim Trocknen auf Staubfreiheit achten!

c) Mit Dunkelgelb Staubgefäßkranz anlegen.

d) Mit Purpur dunkel ausarbeiten, dabei Drucker wieder in Richtung Kern verlaufen lassen, Lichtblätter heller zeichnen, Umschläge und Konturen an den Blattaußenkanten herausarbeiten.

e) Grün ruhig und gleichmäßig anlegen, Staubgefäße mit Braun ausarbeiten, und Schatten mit Grau in die Blüte setzen, Grün zeichnen und tuschen.

Auch bei dieser Blume lohnt es sich ganz bestimmt, gleich mehrere anzufertigen, und somit eine größere Menge auf einmal zu üben. Jede Blume prägt sich selbstverständlich um so besser ein, je öfter man sie ausgeführt hat. Die Heckenrose ist ein dankbares Motiv, das sich bei Porzellanmalern großer Beliebtheit erfreut.

Mittelpunkt. Wichtig ist, den äußeren Rand der Blüte nicht als »Zahnrad« erscheinen zu lassen, sondern eine interessante Kontur zu schaffen (kurz – lang, schmal – dick).

26 Die einzelnen Malphasen einer Heckenrose.

27 Eine der schwierigsten zu malenden Blumen entsteht: die Aster.

28 Studienblatt zum Feldmohn.

29 Die gefüllte Anemone, deren unterschiedliche Darstellung den verschiedenen Zeitepochen entspricht:
a Die Anemone in Kupferstichtechnik. So wurde sie um 1740 auf Porzellan gemalt (alte, trockene Blumenmalerei).
b Diese leicht und duftig anmutende Malweise ziert viele Jugendstilporzellane.
c Die heutige Maniermalerei in schwungvoller Ausführung.

30 Naturalistische Blumenmalerei am Beispiel des Enzians:
a Aufzeichnung
b Anlegen
c Ausarbeitung

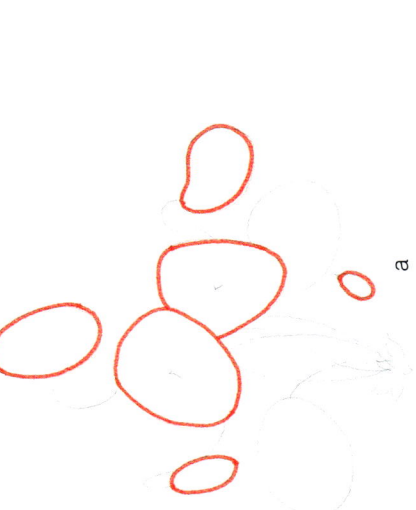

31 Das Veilchen:
a Grobe Aufzeichnung mit der Plazierung der wichtigsten Formen
b Genaues Durchzeichnen der Blatt- und Blütenformen sowie der Stiele
c Farbiges Anlegen der Malerei
d Ausarbeitung von Violett und Zeichnung der Grünabschnitte
e Schattieren der Blätter und Einbringen der Einzelheiten (Staubgefäße)

32, 33 Der Werdegang verschiedener Blumen in jeweils drei Schritten. Die Pfeile geben die Richtung der Pinselführung an.
Die Beispiele auf Seite 36: Narzisse, Winde, Studentenblume; auf Seite 37: Federmohn, Krokus, Anemone.
a Aufzeichnen mit Fettstift
b Zartes Anlegen im jeweiligen Farbton
c Ausarbeiten und Einbringen der Feinheiten

34 Die Grünbehandlung anhand mehrerer Beispiele:
a Federmohn
b Rosen
c Wicke
d Schwertlilie
e Tulpe

Bukettmalerei und Grünbehandlung

In der Bukettmalerei ist das gerichtete Licht besonders wichtig, da man hierbei allzuleicht die »Orientierung« verliert, und das ganze als ziemliches Durcheinander enden kann.

Überhaupt zählen die reichen Buketts zu den schwierigsten Motiven, was Zusammenstellung und Lichtschattenwirkung betrifft. Setzen Sie am Anfang ein oder zwei (zunächst nicht mehr!) Hauptblumen in die Mitte, und ordnen Sie die kleineren Bindeblumen um diese herum an. Wenn Sie einige dieser Motive erfolgreich realisiert haben, können natürlich auch eigene Zusammenstellungen erfolgen, aber zum Lernen ist immer erst eine Grundanordnung zu empfehlen, in der man ja auch die einzelnen Blumen austauschen und variieren kann. Beispiele hierfür auf Abbildung 41 ff.

Noch ein paar Tips zur Grünbehandlung. Wie bereits gesagt, beschränken wir uns auf drei verschiedene Grüns, und auch diese brauchen nun noch eine bestimmte Regelung. Damit nicht ein zu großes Durcheinander entsteht, und in einem Bukett nicht alles Gelbgrün auf der linken und alles Blaugrün auf der rechten Seite erscheint, legen wir fest, daß die roten und gelben Blumen mit Blaugrün verstielt werden, und an Violett, Purpur und Blau geben wir Gelbgrün. Sie werden diese Regelung bei vielen Motiven der Porzellanmalerei wiederfinden, wenn Sie in die Schaufenster oder Kataloge der bekannten Porzellanmanufakturen Einblick nehmen. Dies gilt allerdings nur, wenn mehrere Blumen in einem Motiv erscheinen. Bleibt die Blume allein stehen, sollte grundsätzlich Gelbgrün verwendet werden. Achten Sie im Bukett bitte auch darauf, daß das Blattwerk schön ausgeglichen verteilt ist, also in den Lücken zwischen den Blüten eingepaßt. Die zierlichen Stiele der Durchzüge, der kleinsten Blütenzweige, erarbeiten wir mit dem noch verbleibenden Olivgrün.

Gezeichnet werden alle Grüntöne mit Schwarz, in das man noch etwas Grau mischen kann, damit es nicht zu schwer wirkt. Auch hierbei gilt, daß nur von einer Seite Licht kommen darf, also zum Beispiel Stiele auch nur auf einer Seite gezeichnet werden. Dann werden Mittelrippen und Querrippen eingezeichnet. Die genaue Ausführung entnehmen Sie der Abbildung 34. Erarbeiten Sie sich auch in Ihren Naturstudien die genauen Formen der einzelnen Grüns zur jeweiligen Blüte. Es hat auch hierbei jede Pflanze ihr eigenes typisches Aussehen, obwohl sich viele ähneln, wie zum Beispiel Schwertliliengrün und Narzissengrün.

Ist die Grünzeichnung gut angetrocknet, beginnen wir mit dem Grüntuschen, das heißt nichts anderes, als den Blättern nun noch die erforderliche Plastizität zu

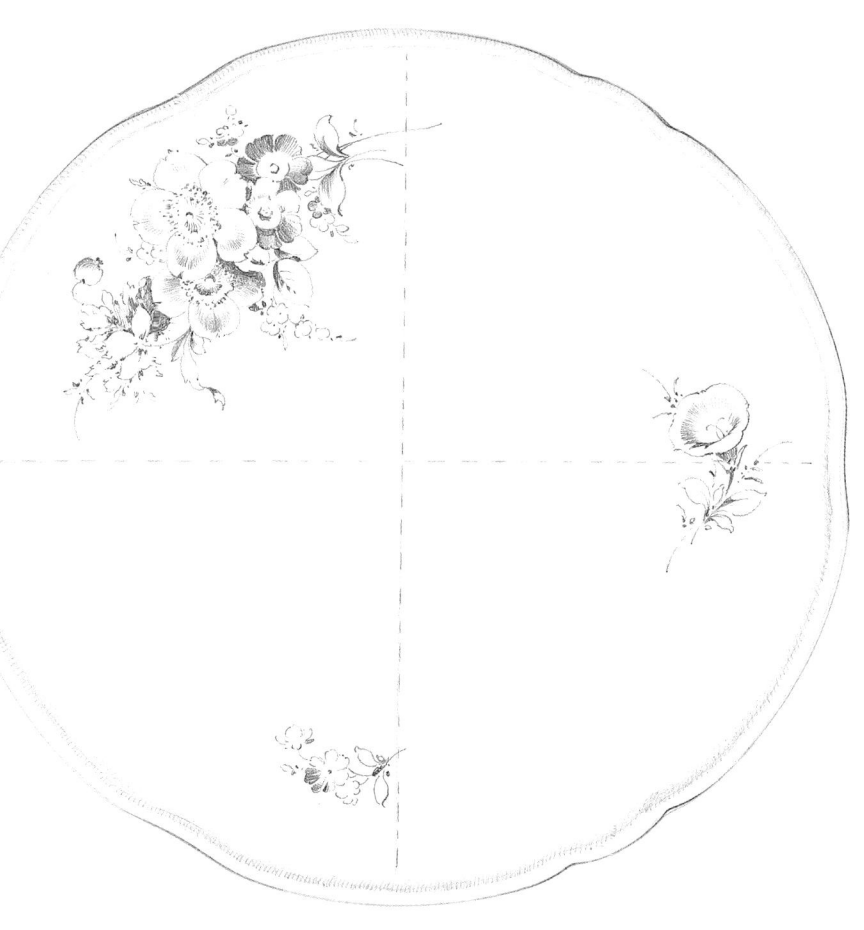

35 Obertasse mit Bukettmotiv. Auf der Rückseite sind zwei Streuer plaziert.

36 Untertasse mit einem ähnlichen Dekor.

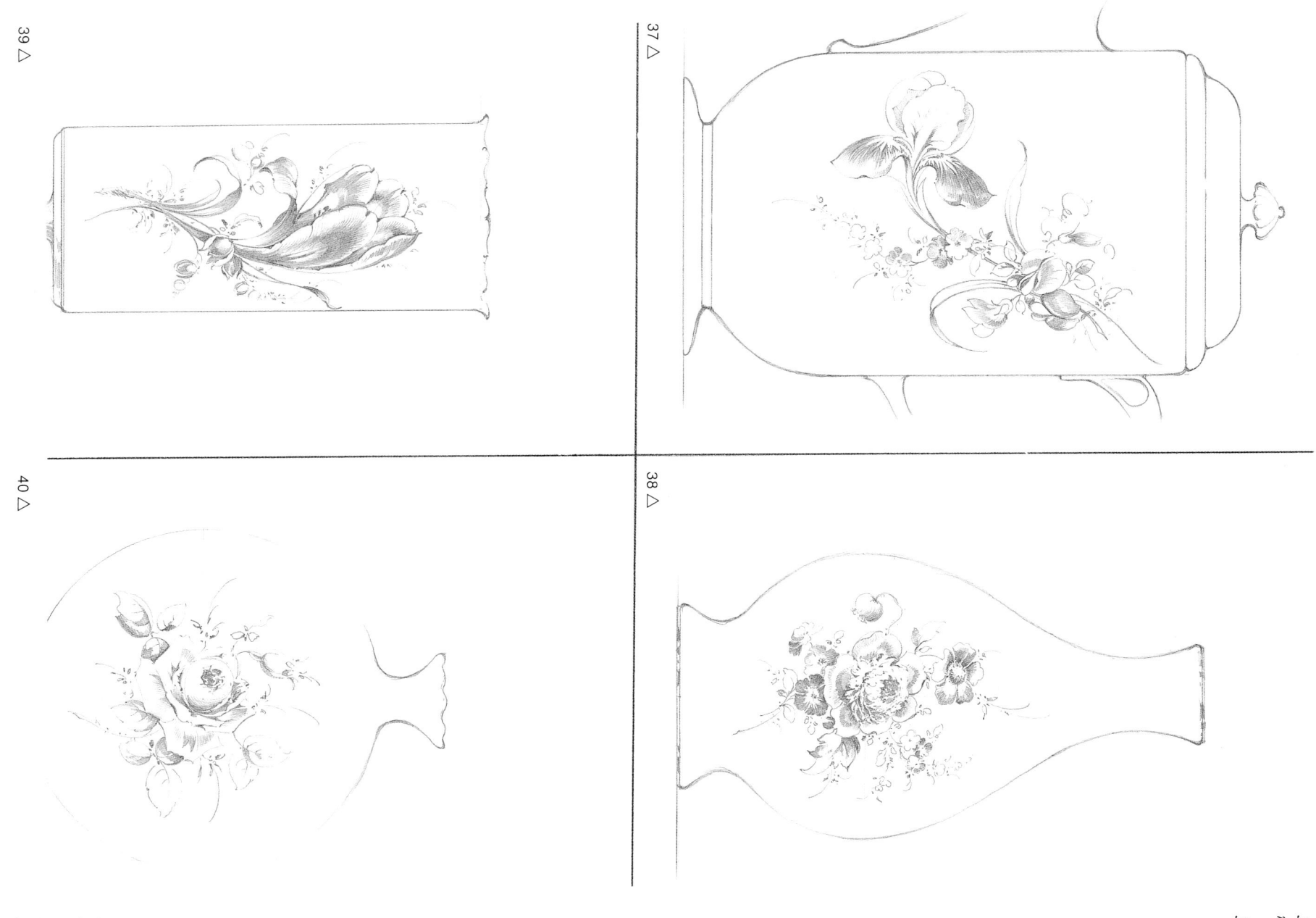

37 Sogenannte »hängende Blumenmalerei« auf einer Kanne.

38 Oval stehendes Bukett.

39 Leichte Blumenmalerei, oval stehend.

40 Rosenmalerei, rund stehend.

41 Wandtellerbukett mit Wiesenblumen.

geben. Auch hierbei wieder auf die Richtung achten, aus der das Licht kommt. Entsprechend den Schatten anordnen. Beim Bukett kann durch sich überschneidende Blumen natürlich auch einmal eine Blüte gänzlich im Schatten verschwinden. Dann muß sie auch wirklich ganz dunkel ausgearbeitet werden, ohne daß sie dabei aber »totgemalt« wird. Also nicht so dunkel ausarbeiten, daß sie nur noch ein Farbfleck von gleicher Farbstärke ohne Plastizität ist. Mehrere Beispiele auch hierfür finden Sie in diesem Buch, die Ihnen zeigen, wie dunkel eine Schattenblüte sein darf, um im Bukett noch mitzuwirken, siehe Abbildung 41–44.

Verleihen Sie den Blumen, Blättern, Stielen und Gräsern in der Blumenmalerei stets den sogenannten S-Schwung, d. h., lassen Sie keine steifen Bewegungen oder zu langweilige Stiele zu, die eine Malerei sehr schnell leblos und unansehnlich machen können. Einige der in der Natur vorkommenden Blumen müssen von uns deshalb etwas idealisiert werden. Wir nehmen also die in der Natur vorhandene Steife – eines Stiels zum Beispiel – aus dem Motiv heraus und schwingen die Bewegung in einer großzügigen S-Linie in die Malerei (Abb. 44). Sie werden merken, daß das vielen Blüten zu einer ganz zauberhaften Eleganz verhilft.

Für die naturalistische Malerei trifft das selbstredend nicht zu, da ja hierbei die Natur unverfälscht und originalgetreu wiedergegeben werden soll.

42 Bukett in typischer Maniermalerei. Gut zu erkennen ist die Farbverteilung: ca. 2/3 Blütenfarben und 1/3 Blattgrün.

43 Einfarbige Tellerbuketts mit Goldgräsern. Die Farbwahl kann von Blau und Purpur ausgehend beliebig erweitert werden.

44 Reiches Blumenbukett auf einer Vase, oval stehend.

Streublümchen

Streublümchen werden sowohl als Einzeldekor als auch zur Belebung von reicheren Malereien verwendet. Seit mehreren hundert Jahren sind sie nun schon Bestandteil der Porzellandekoration und haben sich trotz immer wieder wechselnder Mode- und Stilrichtungen bis auf den heutigen Tag behauptet.

In den Anfängen der Porzellandekoration hat man sie in erster Linie zum Verdecken von Fehlern in der Weißware benutzt, und wenn man sich sehr alte Stücke der Porzellanfertigung aus verschiedenen Museen anschaut, kann man erkennen, wie oftmals grobe Glasurrisse und Oxydflecke des Scherbens gekonnt vertuscht wurden. Ich werde nicht vergessen, wie wir als Lehrlinge viele alte Stücke der berühmten Dresdener Sammlung studierten und immer wieder über die gekonnte Platzverteilung auf den einzelnen Gegenständen staunten. Erst später, bei genauerem Hinsehen, erkannten wir, daß hauptsächlich nur Schwachstellen im Scherben verdeckt worden waren. Die Verfahrensweise war einfach. Man verdeckte zuerst sämtliche Fehler des Scherbens und ordnete dann in passender Harmonie mit den bereits gemalten Blümchen die übrigen Streuer so an, daß eine ausgeglichene Dekoration entstand.

Heute ist diese Verfahrensweise weitgehend überflüssig, da die technischen Bedingungen der Scherbenherstellung inzwischen soweit gediehen sind, daß Fehler in der Weißware relativ selten sind. Man kann also unabhängig von Fehlern dekorieren. Sollten dennoch Schwachstellen auftreten, kann man ja das erste Blümchen auf den Fehler setzen und davon ausgehend weiterdekorieren.

Die Streublümchen werden meist in streng gegliederter Anordnung aufgetragen und vermitteln dennoch eine relativ lockere Verteilung, da die Zwischenräume, das viele Weiß des Scherbens, das ganze sehr luftig wirken lassen. Und weil sich auch heute noch so viele Menschen an diesem Dekor erfreuen, wollen wir ihn natürlich nicht unbeachtet lassen.

Streublümchen zu malen erfordert ein hohes Maß an Geduld und Ausdauer. Zu beschreiben, wie sie im einzelnen gemalt werden, ist äußerst schwierig, da es erstens eine ungeheure Vielzahl gibt, und zweitens das eigene Kennenlernen (Naturstudien) bedeutend lehrreicher ist. Trotzdem sollten natürlich einige Tips und Anleitungen.

Zunächst sollten wir uns vor Augen halten, was Streublümchen eigentlich verkörpern. Aus der Entfernung betrachtet, sind es ja einzelne, scheinbar wahllos hingeworfene Farbtupfen. Das mag wohl auch ihren Reiz ausmachen, wenn man eine gedeckte Tafel dieses Dekors sieht. Betrachtet man sich diese kleinen Wunderwerke jedoch aus nächster Nähe, sieht man sehr wohl, welch

45 *Blümchenstudien*

Aufwand und Mühe sich in jeder einzelnen Blüte verbirgt.

Anlage und Ausarbeitung gestalten sich eigentlich genau wie bei den »Großen«. Nur daß die Streublümchen etwas zierlicher und heller ausschauen sollten. Sie dürfen nie zu wichtig, dunkel oder schwer erscheinen, da sie sonst ihrer Rolle als Beischmuck nicht gerecht werden. Legen Sie sie nie plastisch oder zu »fertig« an. Alle Farben sollen pastellig und leicht aufgetragen werden. Den eigentlichen Reiz erfahren sie erst mit der Ausarbeitung, die ebenfalls nur spärlich und an den richtigen Stellen sitzen sollte. Richten Sie sich dabei nach Abbildung 48.

Über die Frage der Aufteilung gibt es zu sagen, daß es eigentlich dem Maler überlassen ist, wie er nach ganz eigenem Geschmack die Aufteilung vornimmt. Üblich ist hierbei das »auf Lücke« Malen, bei dem ein äußerer Kranz, zumeist in Dreier- oder Fünfer-Teilung, angelegt wird, die weiteren Blümchen folgen dann immer genau dazwischen auf dem nächst kleineren Kreis unterhalb (Abb. 49). Die Aufteilung auf den Hohlteilen wie Kanne oder Tasse sehen Sie auf Abbildung 47.

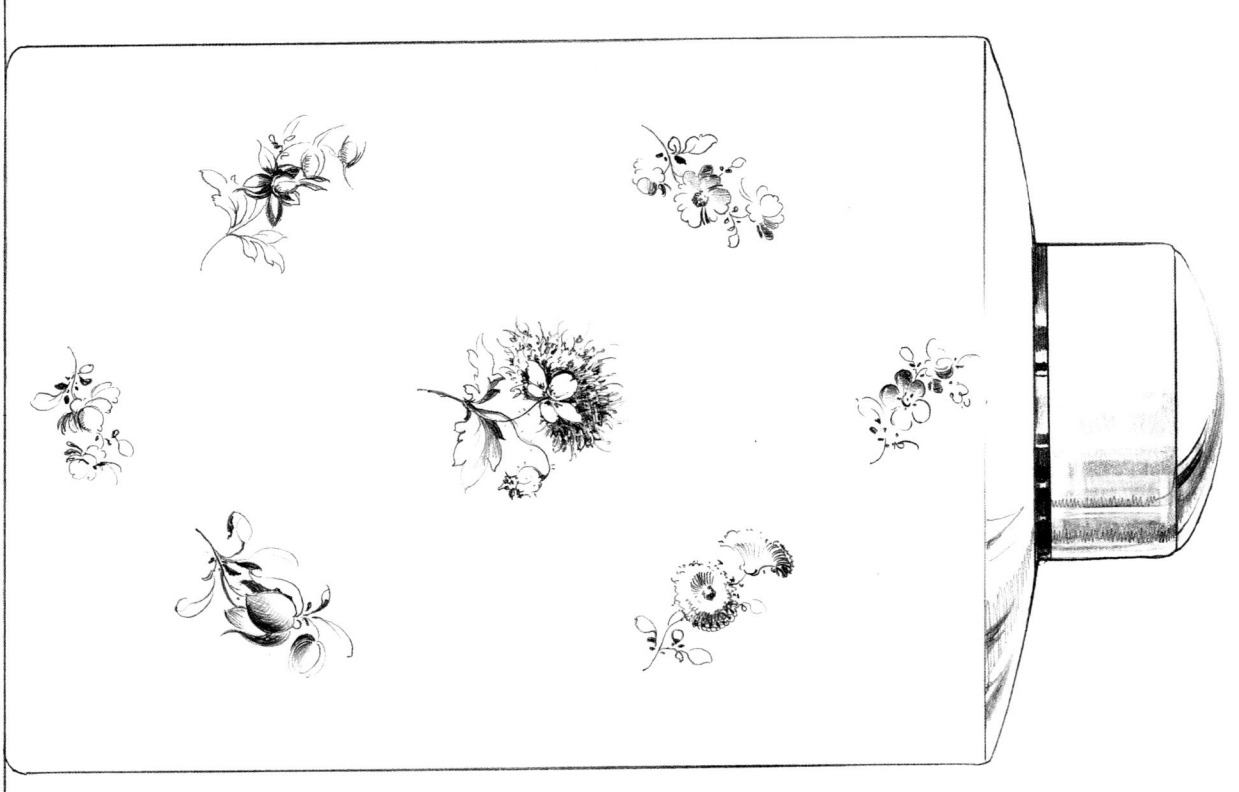

46 Große Teedose mit lockerer Aufteilung der einzelnen Blümchen.

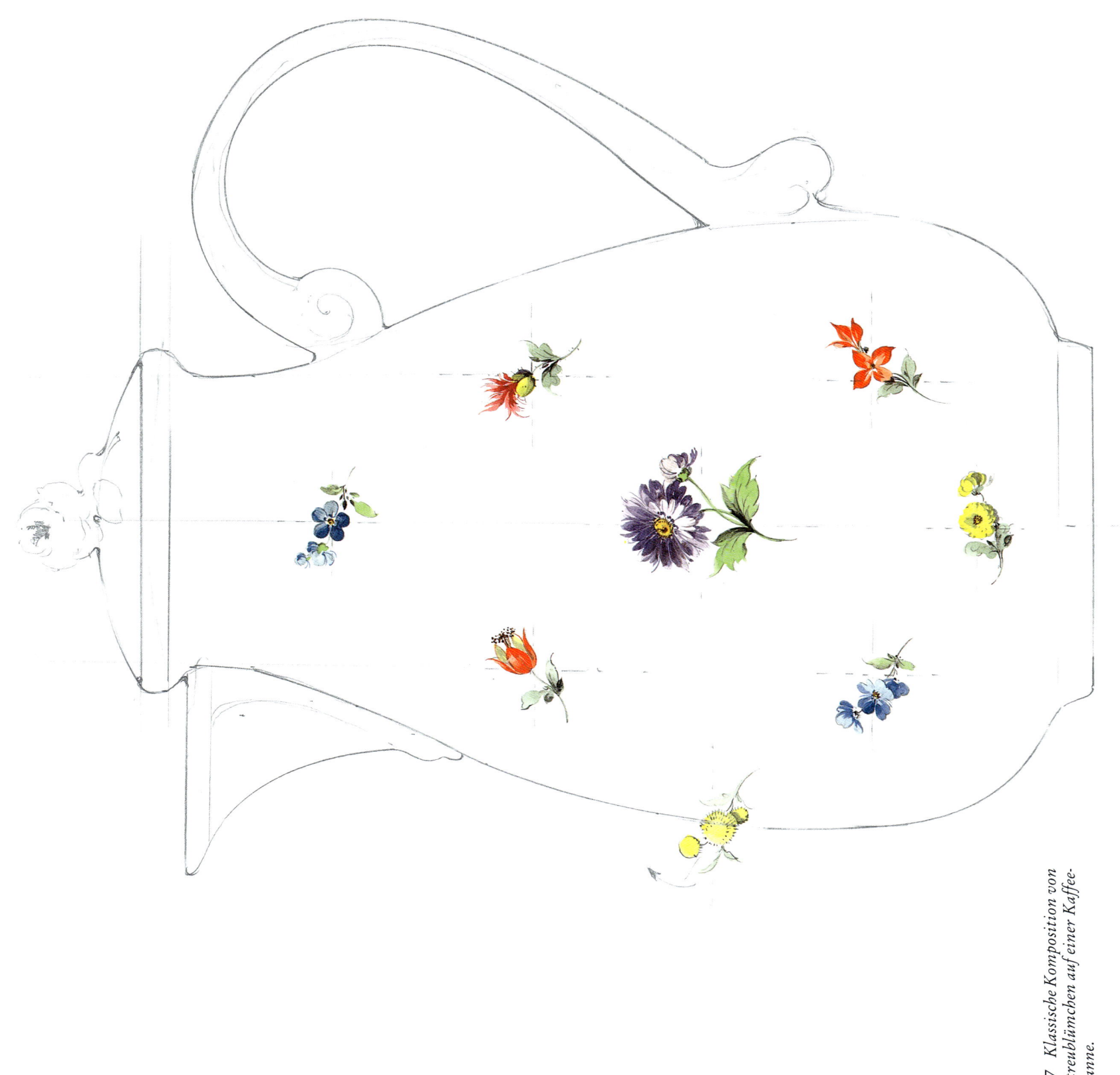

47 Klassische Komposition von Streublümchen auf einer Kaffeekanne.

48 Beispiel für die gemeinsame Verwendung von Streublümchen und Insekten (hier ein Schmetterling) auf einem Gegenstand.

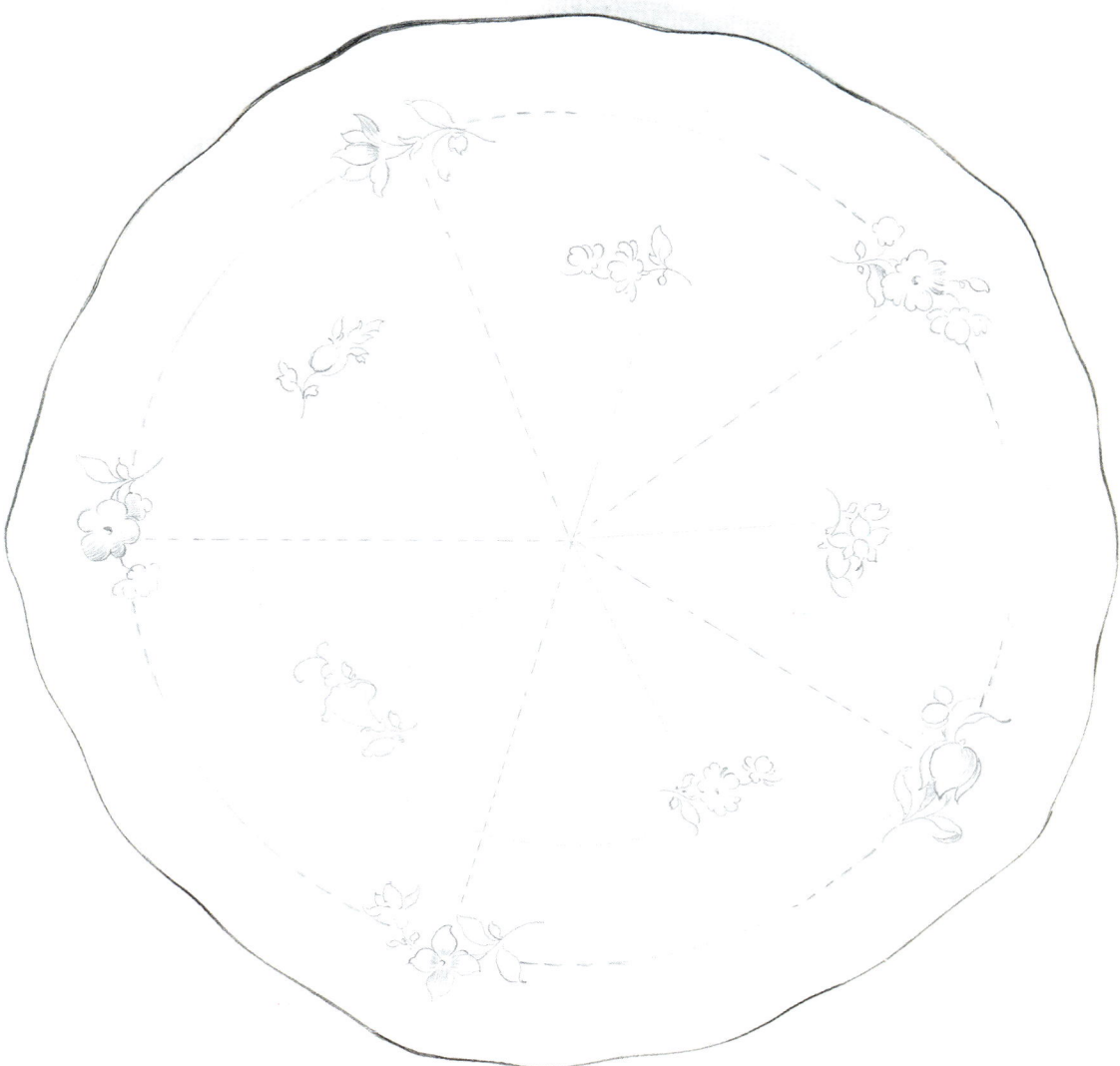

49 Streublümchen werden meist »auf Lücke« angeordnet, wie das nebenstehende Beispiel zeigt.

Kanten und Ranken

Diese weitverbreitete Art der Dekoration stellt eine ideale Erweiterung der Streublümchenmalerei dar. In Blüten- und Blattranken werden Streublumen in loser Folge aneinandergereiht und ergeben so eine zwanglose und lockere Randdekoration. Auch hier wird dem Maler freigestellt, ob er sie in nur einer Farbe erarbeitet oder einen bunten Blütenkranz anordnet. Besonders beliebt sind hierbei die Blüten des Vergißmeinnicht und kleine Röschen (Abb. 50).

Will man die Malerei zusätzlich aufwerten, empfiehlt sich ein Unterlegen der Blumen mit Gold oder das Einbringen von Schmuckbändern, wie wir es aus der Porzellanmalerei des Jugendstils kennen. Wichtig ist auch hierbei, in Strich und Malerei sehr fein und zierlich zu bleiben, da sonst ein zu festes Randmotiv von unansehnlicher Schwere die Folge wäre.

50 Drei Beispiele für Blumenranken. Die Folge der Malschritte wird jeweils von links nach rechts deutlich: Aufzeichnen – Anlegen – Ausarbeiten.
Anlage und Ausarbeitung erfolgen wie bei den großen Motiven. Die Komposition ist relativ einfach, da

fast stets am Rand entlang gearbeitet wird. Besonders geeignet sind hierfür natürlich Teller und Geschirrteile ohne Relief. Aber auch ein in den Bewegungsablauf des Porzellans eingearbeiteter Blütenreif kann sehr dekorativ wirken. Ergänzen kann man das ganze noch durch Hinzunehmen von anderen Motiven wie z. B. kleinen Vögeln, Insekten oder Früchten. Dies erfordert jedoch weit mehr Aufwand und Erfahrung im Umgang mit der Materie und sollte dem versierten Maler vorbehalten bleiben. Nun noch eine kurze Aufstellung der geeignetsten Blümchen für diese Art Dekor, wobei besonders zierliche und klein wachsende Blumen gewählt werden sollten:

Vergißmeinnicht	Mimosen
Röschen	Sternblümchen
Glockenblumen	Rittersporn
Kleine Veilchenarten	Wilde Wicken.

Ausgeschmückt werden kann jede Blütenranke zusätzlich noch mit feinen Goldgräsern, die man in harmonischen Abständen zwischen die einzelnen Hauptblumen setzt. Dafür ist besonders das Pudergold, also fast 100 %iges Goldpulver, geeignet. Die genaue Behandlung des Goldes im Kapitel »Golddekoration«, S. 104 ff.

Kompositionen sind auch mit völlig anderen Motiven möglich, wie z. B. Herbstlaub oder auch Meeresfrüchten. Aneinandergefügte farbenfrohe Blätter oder Muscheln mit anderen Meerestieren kombiniert ergeben sehr schöne harmonierende Malereiranken. Andere Malvarianten:

Kanten mit Waldfrüchten (Brombeeren, Kastanien, Pilze usw.)
Kanten mit Insekten (Schmetterlinge, seltene Käfer usw.)
Kanten mit Früchten (Erdbeeren, Wein, Johannisbeeren usw.)
Kanten mit Phantasieblüten (Flieder, Vergißmeinnicht usw.)
Kanten mit Vögeln und Blüten (Fasan, Paradiesvögel, Orchideen).
Kanten mit Meeresfrüchten (Muscheln, Krebse, tropische Fische).

Bei exakter Ausführung werden all Ihre Malereiranken beim Betrachter tiefe Bewunderung Ihrer Bemühungen wecken.

Beachten Sie auch, daß der Anteil der grünen Blättchen nicht zu groß sein soll. Hier gilt ca. 2/3 Blütenfarbe und 1/3 Grüntöne. Die Grüntöne werden dann wiederum unterteilt in die drei erwähnten Hauptfarben Gelbgrün, Blaugrün und Oliv. Lassen Sie, von den Hauptblümchen ausgehend, die Knospen und kleinen Blütensprosse zart nach außen gehen. So erzielt man einen guten Übergang zum Weiß des Scherbens.

Wie bereits erwähnt soll der jeweilige Blütenring am Außenrand des zu dekorierenden Stückes angebracht werden. Möglich sind hierbei z. B. die Tellerfahne oder auch der äußere Rand des Tellerspiegels. Bei den Hohlteilen sind eine sogenannte Bauchbinde und der jeweils obere Rand des Gefäßes angebracht. Ideal für diese Dekorvariante sind aber auch Einzelstücke wie Vasen, Dosen, Kerzenständer, Fliesen oder auch Pfeifenköpfe und Eierbecher. Bei der Komposition mit einem Goldhintergrund ist es ratsam, einen bestimmten Rand nach oben und unten festzulegen, um das Band nicht unkontrolliert breiter bzw. schmal werden zu lassen. Auch sind wir hierbei natürlich nicht auf einen Goldhintergrund festgelegt; ein pink oder in Grün gehaltener Grund kann durchaus in Frage kommen und die Wertigkeit der Blütenranke steigern. Einzelne Anregungen auf Abbildung 51-53.

Wie bei allen anderen beschriebenen Dekoren ist natürlich auch hier dem Einfallsreichtum und der Ideenvielfalt des Malers keine Grenze gesetzt, und er kann beliebig variieren und eigene Ideen umsetzen.

FONDGESTALTUNG

Als Fond bezeichnen wir einen gleichmäßig oder auch bewußt unruhig gefärbten Hintergrund auf dem weißen Porzellan. Er ist sowohl für die Stillebenmalerei mit Hintergrund als auch für die Medaillonmalerei von Bedeutung.

Der farblich ruhige Hintergrund für Stilleben oder Portraits

Als erstes zeichnen wir einen gleichmäßigen Motiv auf den weißen Scherben auf (Blumenbukett, Portrait, Tiere o. ä.). Dieses Hauptmotiv legen wir nun als gleichmäßige, zusammenhängende Fläche mit dem Abdecklack aus (Abb. 54 a, b).

Als nächstes begrenzen wir den äußeren Rand des Motivs, bzw. legen die Begrenzung zum Tellerrand hin fest, ebenfalls mit Abdecklack (Abb. 54 b). Ist der Lack soweit angetrocknet, daß er bei Berührung nicht mehr am Finger haften bleibt, kann mit der Gestaltung des Hintergrunds begonnen werden. Mit einem großen Pinsel, der bevorzugt aus Kunststoffhaar sein sollte (dieser Typ verliert nicht so viele Haare und erübrigt ein Herauskratzen von verlorenen Haaren nach dem Trocknen), wird nun der Hintergrund in dem gewünschten Farbton angelegt. Farblich sollte hierbei natürlich auf das Hauptmotiv eingegangen werden, um eine möglichst ideale Anpassung zu erreichen. Bei Blumenmotiven und Früchtestilleben sind uns die Gemälde der alten Meister der Niederlande sehr hilfreich, die, um das farbenprächtige Hauptmotiv besonders zur Geltung kommen zu lassen, meist einen ziemlich dunklen Hintergrund wählten. Man kann dabei als Gemäuer oder auch eine schwere Holztafel wählen, um die Blumen oder Früchte in all ihrer Farbenpracht so recht zur Aussage kommen zu lassen. Der Farbauftrag muß hierbei recht flott und gleichmäßig erfolgen. Kleinere Farbunterschiede sind allerdings sehr willkommen, da diese den Hintergrund nur beleben.

Wenn die Farbe des Hintergrundes geschlossen aufgetragen ist, müssen wir sie jetzt noch mit dem Stupfer gleichmäßig verteilen, um eine gewisse Ruhe zu erreichen (Abb. 55 a, links).

Wir stupfen dabei immer von Hell nach Dunkel und wischen den Stupfer auch gelegentlich auf einem sauberen, staubfreien Tuch aus, um die Farbe nicht nur hin und her zu verteilen.

Ist die aufgetragene Farbe fast angetrocknet, wird es Zeit, den Abdecklack, der inzwischen zu einer zusammenhängenden Folie erstarrt ist, mit einer Pinzette abzuziehen. Zum Vorschein kommt nun das weiß ausgesparte Motiv. Dieses bildet jetzt den Rahmen für unser Bukett oder Portrait (Abb. 55 a oben und 55 b). Für die äußere Begrenzung zur Tellerfahne hin eignet sich hierbei ganz besonders ein zierlicher Goldrand oder auch eine reichere Goldkante.

Das Aussparen von Medaillonflächen

Die Technik ist dieselbe und der Arbeitsablauf gleicht ebenfalls dem vorangegangenen. Der Hauptunterschied besteht lediglich darin, daß wir jetzt nicht den Hintergrund des Motivs farbig gestalten, sondern, wie am Beispiel der Abbildungen 51 und 53 gezeigt, das Motiv auf weißen Grund setzen und die farbliche Umrahmung nach außen an den Rand des jeweiligen Gegenstandes rücken.

Genauere Ausführungen dazu an dem Beispiel einer runden Schmuckdose:

Auf dem Deckel der Dose wird zunächst derjenige Bereich festgelegt, welcher als weiße Fläche für das Motiv bestehen bleiben soll (mit Fettstift genau fixieren). Diese festgesetzte Weißfläche jetzt mit Abdecklack überstreichen (gegebenenfalls noch den Rand des Deckels mit Lack betonen).

Die weiß verbliebene Porzellanfläche nun wieder im gewünschten Farbton einstreichen und stupfen (Stupfergröße je nach Farbfläche wählen).

Nach kurzem Antrocknen Abdecklack mit Pinzette abziehen.

Die so erhaltene weiße Fondfläche kann nun nach Belieben mit Dekoren Ihrer Wahl versehen werden. Um den Übergang von gestupfter zur weiß verbliebenen bzw. ausgemalten Fläche nicht zu hart wirken zu lassen, empfiehlt sich ein dünner Goldfaden oder auch eine reichere Goldkante, die den Ton des Farbrahmens elegant ins Weiß vermittelt.

NATURALISTISCHE MALEREI

Früchte

In der naturalistischen Malerei kann eigentlich alles wiedergegeben werden, was uns in der Vielzahl über Motive im Alltag begegnet. Vom Stilleben über Portraits bis hin zu Tieren und Landschaftsmotiven. Die Schwierigkeiten hierbei liegen natürlich in der Technik des Malens selbst. Alle Farben werden naß in naß gemalt, und bereits bei den ersten Strichen muß an das fertige Bild gedacht werden; die Vorstellung, wie es im Endeffekt aussehen soll, muß der Maler im Kopf haben.

Die wohl größte Unbekannte wird das Verhalten der Farben, die in vielfältigsten Mischungsverhältnissen zum Einsatz kommen, während des Brandes sein. Obwohl sich fast alle Farben miteinander »vertragen«, gibt es doch wichtige Erfahrungswerte, die beachtet werden sollten. Ein bekanntes Problem stellt die gemeinsame Behandlung von Gelb und Rot dar. Bei einer ganzen Reihe von Früchten ist es einfach unausbleiblich, beide mischen zu müssen (vor allem bei Pfirsichen, Nektarinen oder auch Äpfeln und Ananas). Je öfter man versucht, gerade diese beiden Farben miteinander in Verbindung zu bringen, um so größer wird im Endeffekt die Routine und Sicherheit.

Aber auch die schon behandelten Naturstudien bilden ein wichtiges Glied zur Erarbeitung dieser Technik. Es liegt auf der Hand, daß jede Blume, jede Frucht und jedes Portrait um so besser gelingt, je genauer es studiert und durchgearbeitet worden ist. Dies bedeutet gleichzeitig ein Abwägen des Malers, wie weit er seine persönliche Qualifikation bringen möchte. Mehrere hundert Studien und das Durchhaltevermögen bei mißlungenen Versuchen sind unabläßig. Die Technik des Aquarells gleicht nur teilweise der des Porzellanmalens. Ein Aquarell trocknet auf dem Papier an, wogegen ein bemaltes Porzellanstück noch den Vorgang des Schmelzens beim Brennen über sich ergehen lassen muß, um in seiner vollen Farbenpracht zu erscheinen. Das heißt, es werden viele Farben und einzelne Farbtöne ihr Aussehen im Brand wesentlich ändern. Dies zu beachten und vorauszusehen, gehört zu den wesentlichen Fachtugenden eines guten Porzellanmalers. Und auch hier ist in vielen Proben erworbenes Wissen erforderlich.

Der Neuling sollte sich in aller Ruhe die von ihm gewählte Farbpalette heranziehen und in den vielfältigsten Varianten erproben. Das Mischen der unterschiedlichsten Töne ergibt eine genaue Ergebnistabelle der jeweiligen Experimente. Man sollte jedoch peinlichst darauf achten, daß stets die gleiche Brenntemperatur bei gleichbleibender Brennatmosphäre beibehalten wird (siehe zum Brennablauf S. 16).

Wenn Mischproben erarbeitet werden, ist es günstig, verschiedene Farben einfühlsam aneinander zu führen. Mischen bzw. streichen Sie die Farben zunächst weich und dünn ineinander, um zu sehen, wie sie in verschiedener Konsistenz brennen. Sie werden schnell erkennen, daß man durchaus weiche und zart wirkende Übergänge schaffen kann, ohne daß die Farbe aufkocht. Bei Gelb-Grün-Mischungen wird es ohnehin kaum Probleme geben. Genauso bei Blau-Violett- und Rot-Braun-Varianten. Ein wenig Sorge bereitet den Porzellanmalern allerdings oft das Mischen von Rot und Gelb, da diese beiden Farben auf Grund ihrer chemischen Beschaffenheit stark reagieren. Wird der Übergang jedoch, wie z. B. bei einem Pfirsich, schön pastell gehalten, stellt auch das kein großes Problem mehr dar (Abb. 56).

Für die Komposition bei der naturalistischen Malerei gelten freilich einige andere Grundregeln als für die Maniermalerei. Für ein Vogel- oder Landschaftsmotiv können wir nicht die gleichen Zusammenstellungen wählen, wie sie ein Bukett erfordert. Bei den Früchten allerdings ist die Anordnung ziemlich gleich. Nämlich ein oder zwei größere Hauptfrüchte in das Zentrum der Partie, und um diese herum ordnen wir kleinere, andersfarbige an, die schließlich von kleinen Blumendurchzügen ausgeschmückt werden. Also z. B. einen Apfel in die Mitte (rot), zwei Pflaumen außenherum (blau) und kleine Blümchen (gelb) zum Verzieren. Und nicht zu vergessen, das Grün der jeweiligen Art. Achten Sie hierbei bitte darauf, daß es auch das dazu passende Grün ist, und nicht etwa eine Birne mit Kirschgrün versehen wird.

Die Zahl der Varianten ist bei den Früchten genauso groß wie bei den Blumen. Zunächst sollte man aber auch hier einige Grundmotive stetig üben, bis eine gewisse Routine besteht.

Die Technik der Fruchtmalerei ist wohl die schwierigste der heute ausgeübten Porzellanmalereiarten. All die vielen Farbnuancen, die entstehen, wenn der Scherben in den Ofen geht, müssen genau vorausberechnet werden. Hier reagieren nicht nur zwei Farben miteinander, sondern es kommt vor, daß bis zu vier oder fünf Farben im Brand miteinander »auskommen« müssen, damit der gewünschte Farbton erreicht wird. Vor allem bei sehr farbig anmutenden Früchten, wie z. B. einer vollreifen Ananas, ist es äußerst schwer, alle Töne miteinander harmonieren zu lassen.

Zu Beginn würde ich folgende Früchte empfehlen: Birne, Apfel, Kirsche, Pflaume. Auch jetzt muß geübt werden, bis die Grundlagen sitzen, um dann zu schwierigeren Motiven überzugehen. Ich möchte das am Beispiel der Kirsche erläutern.

— Die Kirsche (Abb. 56)

a) Aufzeichnen der genauen Kontur und Anlegen des Rottones in Pfeilrichtung.
b) Rotton geschlossen in Wachstumsrichtung anlegen und Glanzlicht aussparen.
c) Das aufgezeichnete Grün geschlossen und ruhig anlegen (schwungvoll).
d) Rot ausarbeiten mit Beachtung von Licht- und Schattenseite, tiefste Rotwerte unmittelbar an das Glanzlicht setzen, Grünzeichnung wie bei den Blumen (nur nicht in Schwarz, sondern in einem gebrochenen Erdton, Maron, Braun, Ocker).

Wie eine Frucht ausschaut und welche Eigenschaften sie hat, zeigt uns auch hier die Natur am besten. Als Vorlagen dienen hierbei die Früchtestilleben von vielen früheren Malern. Versuchen Sie sich nach entsprechender Übung auch ruhig an der Fruchtmalerei mit Hintergrund und verwenden Sie die bereits erwähnte Technik mit Abdecklack.

Wenn es bei den ersten Versuchen nicht gleich so klappen sollte, verzagen Sie nicht, sondern halten Sie sich immer vor Augen, daß auch die Meister der Vergangenheit lange Zeit brauchten, ehe sie so weit waren. In der Meißener Albrechtsburg hängt ein Gemälde, das Johann Friedrich Böttger (1682–1719), den Erfinder des ersten europäischen Hartporzellans, völlig erschöpft mit seinen Mitarbeitern zeigt, weil schon wieder ein Versuch gescheitert war.

Die naturalistische Fruchtmalerei wird natürlich aus der Lochpalette gemalt, da wir ja alle Farben frisch zur Hand haben müssen. Wie Sie die Farben über mehrere Tage malfähig halten, haben wir bereits abgehandelt.

Jetzt ist es aber an der Zeit, auf die Bedeutung des Stupfers hinzuweisen. Ein Stupfer ist ein schräg abgeschnittener Federkielpinsel, von dem es ebenfalls mehrere Größen gibt. Er ist unentbehrlich, um weiche Farbübergänge zu erreichen, die ja bei den Früchten von der Natur vorgegeben werden. Die Technik verlangt Sorgfalt und Fingerspitzengefühl.

— Das Stupfen

Will man zwei verschiedene Farben weich ineinander fließen lassen, so wird gestupft. Die beiden Farben werden zunächst, je nach Motiv, zart aneinander gebracht (keine Berührung!), bei dem Pfirsich in Abbildung 56 z. B. Gelb und Rot. Nach kurzem Antrocknen stupft man mit der Schnittfläche des Stupfers vorsichtig die Farben ineinander, und zwar von Hell nach Dunkel. Also vom Gelb ins Rot. So zieht man die Farben praktisch übereinander. Aber Vorsicht, die Farben sollten nicht pastös aufeinander sitzen, da sie sich sonst im Brand gegenseitig in Farbbrillanz und Leuchtkraft beeinträchtigen oder gar wegbrennen. Vor allem bei Gelb und Rot ist, wie bereits erwähnt, die Gefahr des Aufkochens besonders groß. Bei anderen Farbmischungen kann man relativ lange stupfen und sehr weiche Zwischentöne bekommen, was besonders bei Äpfeln, Birnen, Quitten oder auch Zitronen wichtig ist. Achten Sie bitte auch darauf, daß der Stupfer während des Arbeitsganges ab und zu auf einem sauberen Tuch ausgestrichen wird, um nicht Farbreste, die im Pinsel kleben, an unerwünschte Stellen zu bringen. Wenn Sie beim Stupfen Schwierigkeiten haben, empfiehlt sich auch hierbei eine separate Probe auf einer Kachel oder einem alten Teller. Brandproben sind vor allem bei dieser Technik der Porzellanmalerei unentbehrlich.

Die Technik des Stupfens wird uns auch in anderen Malarten der Porzellandekoration wieder begegnen. Wir kennen sie bereits von der Fondgestaltung und werden sie wieder treffen, wenn es um die Indischmalerei geht, wo gelegentlich große Flächen im Dekor behandelt werden müssen (Bodenvasen), siehe Seite 93 ff.

57 *Studienbeispiel für eine Waldfrüchtemalerei.*

58

58, 59 Insekten und Schmetterlinge finden sich in vielen Zeitschriften und Büchern: man kann sie, etwas vereinfacht, gut verwenden.

Insekten

Das Motiv der Insekten ist ebenfalls so alt wie die Porzellanmalerei selbst. Schon auf den ersten Stücken der ersten europäischen Manufakturen sind sie, meist in Komposition mit Streublümchen, zu finden. In fast allen Ausführungen sind sie stilisiert wiedergegeben. Man hat sie oft etwas farbenfreudiger und phantastischer dargestellt, als wir sie in der Natur antreffen. Bevorzugt werden vor allem zarte, schillernde Flügel von kleinen Käfern oder Mücken. So gemalt, erzielen die Insekten den Eindruck einer belebten Sommerwiese, auf der sie zwischen den einzelnen Blüten umherschwirren.

Die Technik, sie zu malen, ist relativ einfach. Wir zeichnen die Konturen zunächst mit der Stahlfeder zart vor und kolorieren die entstandenen Flächen zart aus (zum Federzeichnen siehe Indischmalerei, S. 97). Die Komposition entspricht der der Streublümchen, nur daß wir einige der Streublümchen weglassen und an deren Stelle die Insekten setzen. Hierbei sollte darauf geachtet werden, daß sich immer Blümchen und Insekt abwechseln (Abb. 48).

Sehr beliebt sind bei dieser Malerei auch Schmetterlinge in all ihrer Farbenpracht und Vielfalt. Sie verlangen allerdings einen erheblich größeren Arbeitsaufwand. Die oft sehr kleinteilige Zeichnung der Flügel und die Breite der Farbpalette fordern dem Maler Geduld und Ausdauer ab. Die Aufzeichnung können wir in zwei verschiedenen Arten ausführen. Zum einen frei Hand für den schon erfahrenen Maler oder auch mit der Lochpause für den Anfänger (zur Lochpause siehe Indischmalerei, S. 97).

Bei der Aufzeichnung frei Hand geben wir uns zunächst die Umrisse und Konturen mit dem Fettstift möglichst genau an. Danach malen wir mit Schwarz alle Zeichnungen und Äderungen der Flügel und den Körper des Schmetterlings. Jetzt empfiehlt sich ein Zwischenbrand, um beim farbigen Auslegen der Flächen ein Auflösen der Zeichnung zu vermeiden. Dieser Brand kann relativ niedrig sein, da er ja nur die Zeichnung fixieren soll (400-500° C reichen).

Nun können wir in aller Ruhe die Farben zufügen. Hier können die Töne ruhig kräftig gelegt werden, da ja jede Farbe im Brand etwas zurückgeht, die Schmetterlinge aber kräftige und satte Farben ausstrahlen sollen (Abb. 48).

Beim Aufzeichnen mit der Lochpause ist nur dieser erste Arbeitsgang anders, nämlich das Aufbringen der Konturen mit eben der Pause. Alle weiteren Schritte bleiben gleich.

Vögel

Die Vogelmalerei hat vor allem unter den Jagd- und Naturfreunden ihre Anhänger. Und in der Tat kann eine mit einem Fasan verzierte Vase oder ein Wandteller mit einem Jagdstilleben sehr reizvoll sein. Die Auswahl an Motiven ist auch hier unerschöpflich. Allein der Artenreichtum der in Frage kommenden Vögel bietet ein schier unbegrenztes Betätigungsfeld. Auch brauchen wir uns nicht allein auf die einheimischen Vögel zu beschränken. Denken wir nur an die farbenprächtigen »Paradiesvögel« Australiens und die amerikanischen Kolibris. Oder an den Tukan bis hin zum Papagei, die gern in Verbindung mit einem Orchideenzweig gezeigt werden. Ob mit Ast oder ohne, ob mit Blüten oder mit einer Frucht, ob im Flug oder sitzend, den Motiven sind keine Grenzen gesetzt. Es kann ein Pirol sein, der an einer Weintraube pickt oder ein Eisvogel beim Fischfang. Wichtig ist allerdings die natur- und detailgenaue Wiedergabe. Ein Vogel wirkt schnell verschoben und unproportional, wenn er zunächst mit Naturstudien begonnen werden. Nun wird es aber sicher nicht jedem möglich sein, so manch seltenes Exemplar ausgestopft zu Studienzwecken erhalten zu können. Hierbei können wir uns mit guten Fotografien aus Natur- und Tierzeitschriften behelfen. Wer Schwierigkeiten mit der freien Aufzeichnung hat, sollte auch hier die Lochpause verwenden (siehe Indischmalerei, S. 97).

Gemalt werden die Vögel grundsätzlich aus der Lochpalette, da wir alle Farben frisch beieinander haben müssen, und es sich um eine Naß-in-naß-Technik handelt. Als Motivträger eignen sich besonders Einzelstücke wie Vasen, Wandteller, Schmuckdosen, Wandbilder aus mehreren Kacheln, Jagdpokale aus Porzellan, Sammeltassen und auch Pfeifenköpfe. Jeder Freund des Weidwerkes wird sich an einem gelungenen Vogelmotiv auf Porzellan erfreuen.

Im folgenden soll der Werdegang eines Eisvogels auf Porzellan beschrieben werden (Abb. 61).

a) Aufzeichnen des Motivs, besondere Sorgfalt auf Proportionen und Größenverhältnisse legen (Länge der Flügel, des Schwanzes und des Körpers insgesamt), zart andeuten, welche Farbe welchen Platz einnimmt, Umfeld wie Äste, Blüten, Landschaft oder Früchte andeuten.

b) Zartes Anlegen der Farben in Naß-in-naß-Technik, möglichst trocken (Dünnöl) malen, Federkleid weich und übergängig gestalten, noch keine Einzelheiten (Augen, Krallen, kleinere Federn) festlegen, Beiwerk wie Äste und ähnliches hell und skizzenhaft anlegen.

Jetzt empfiehlt sich ein Zwischenbrand, um die Anlage zu fixieren und bei der Ausarbeitung die Anlagenicht aufzuweichen (400° C).

c) Nun kann in aller Ruhe mit der Ausarbeitung begonnen werden. Wir zeichnen zunächst die wichtigsten Federpartien an (Flügel und Schwanz zuerst, da diese Federn meist die straffeste Ordnung aufweisen), danach das weichere Daunenkleid von Brust und Rücken; wir können in Ruhe die Farben ineinanderziehen, um den weichen Eindruck entstehen zu lassen, dann die klaren Punkte wie Schnabel, Augen und Krallen, dabei ist vor allem auf richtigen organischen Sitz zu achten! Mit dem Radiermesser können wir jetzt auch Federstrukturen oder Glanzlichter auf Schnabel und Auge eingebracht werden, wobei man sich unbedingt an die Vorlage halten sollte; nicht zu dunkel in der Farblage werden, damit der Vogel vor allem bei kleinen Porzellangegenständen nicht zu schwer und plump erscheint. Scheuen Sie sich bitte nicht, bei Vögeln mit weichen Farbübergängen die Farben ineinander zu malen, da sich fast alle Farben im Brand »vertragen«, ein Wegbrennen sehr selten ist und eigentlich nur bei zu dicker Farblage auftritt.

Nun zum Umfeld, in das das Vogelmotiv eingepaßt werden soll. Achten Sie darauf, daß jede Art in der für sie typischen Umgebung gezeigt wird. So gehören tropische Vögel zwischen großblättrige Pflanzen und deren typische Früchte. Die einheimischen Singvögel dagegen können wir auf fast allen uns bekannten europäischen Laub- und Nadelhölzern zeigen, Greifvögel auch bei der Jagd am Wasser und im Fels. Arbeiten Sie nun die dazugehörige Landschaft so dezent aus, daß sie nicht wichtiger wird als der Vogel. Es reicht eine Gestaltung in fast pastellfarbener Leichtigkeit.

60 Vor der farbigen Ausführung sollte man erst einmal einfarbige Studien fertigen, um Anatomie und Federanordnung zu studieren.

61 Der Eisvogel beim Fischfang – ein beliebtes Motiv auf Dosendeckeln. Die Arbeitsanleitung findet sich auf Seite 60.

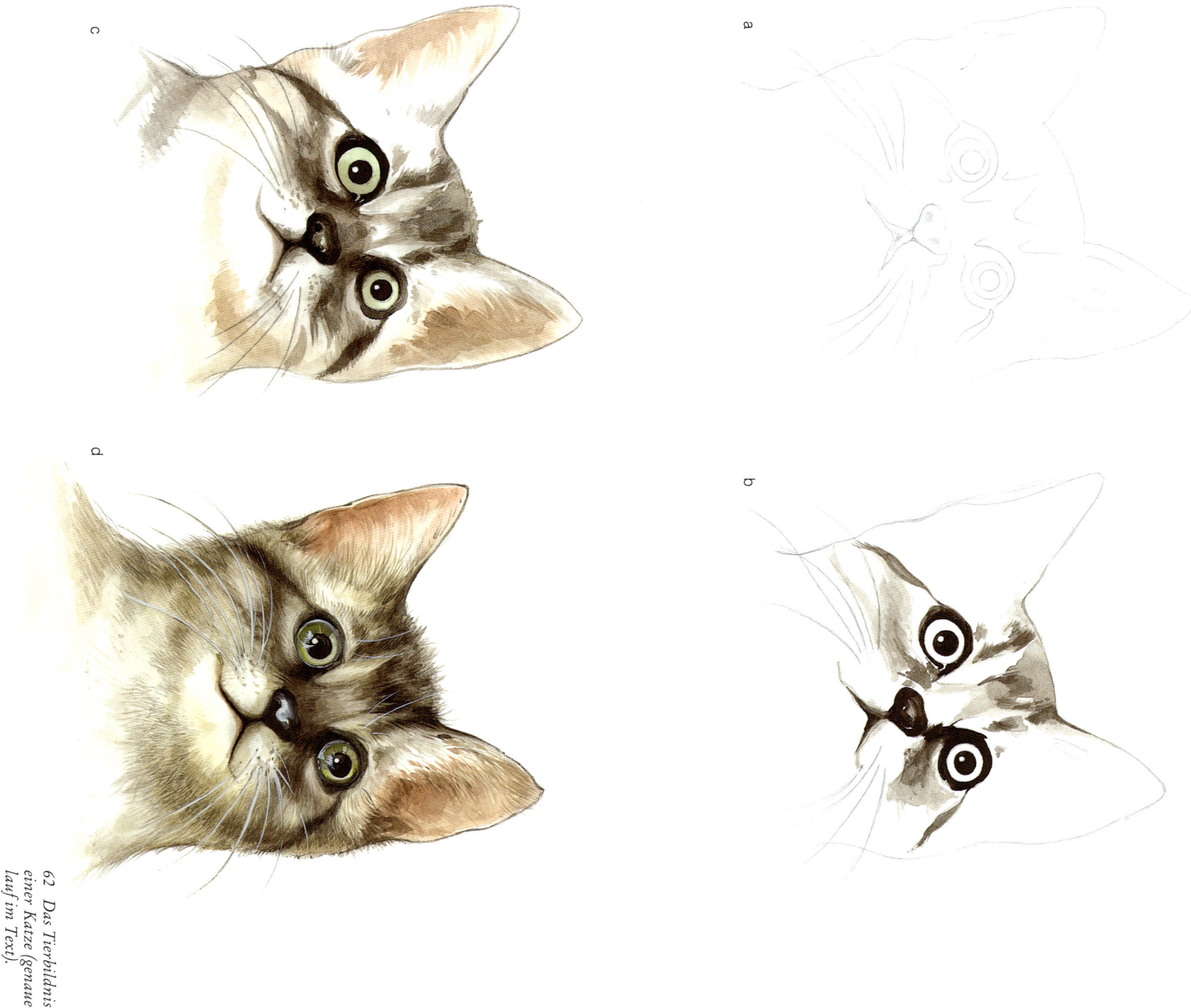

62 Das Tierbildnis am Beispiel einer Katze (genauer Arbeitsablauf im Text).

Das Tierbildnis

Für das Beispiel eines Tiermotivs wollen wir die Katze als beliebtes Haustier wählen. Die im folgenden beschriebene Technik ist aber auch für viele andere Tiere verwendbar.

Wählen Sie zunächst das Motiv nach Ihrem Geschmack aus. Es kann sich um ein beliebiges Foto aus Zeitschriften handeln oder aber auch aus persönlichen Studien stammen. Wir werden wieder in klar gegliederten Arbeitsschritten vorgehen. Fertigen Sie zunächst eine Pause der Malerei an, wenn Sie eine freie Aufzeichnung als zu schwierig empfinden (siehe Herstellung der Lochpause, S. 97). Die genaueren Arbeitsschritte zeigt Abbildung 95.

a) Aufpausen oder Aufzeichnen des Motivs auf den gereinigten Scherben. Achten Sie auf klare Linienführung und genaue Proportionen und vermeiden Sie eine zu schwarze Vorzeichnung, da diese bei der Ausführung irritieren könnte. Setzen Sie die Linien also zart und möglichst hell auf den zu bemalenden Gegenstand.

b) Malen Sie jetzt mit einem dunklen Grauton (kein Schwarz) die wichtigsten Konturen der Augen, Ohren, Maul und anderer markanter Details vor. Lassen Sie bereits jetzt bewußt grelle Glanzlichter auf Nase oder Auge weiß stehen. Sie sparen sich somit spätere Korrekturen oder unnötige Kratzereien in der fertigen Malerei. Deuten Sie auch jetzt schon Fellstrukturen oder Maserungen mit zart gebrochenen Grautönen an. Das erleichtert Ihnen die spätere genaue Ausarbeitung. Es empfiehlt sich zum jetzigen Zeitpunkt ein Zwischenbrand, um die Malerei bei ca. 600° C leicht einzubrennen und ein weiteres Zeichnen des Fells vorzubereiten.

c) Jetzt können wir die ersten Farbtöne von Augen und Fell einbringen. Halten Sie sich genau an die Vorlage von Foto oder Zeichnung und behalten Sie die Nuancen bei. Jede Farbe sollte originalgetreu gebracht werden. Bei dem Katzenbeispiel stellt das keine Schwierigkeit dar, da die verwendeten Töne wie Grau, Ocker, Grün, Oliv und Maron keine Probleme beim gegenseitigen Mischen aufwerfen. Sie reagieren also beim Brennen nicht negativ miteinander.

In diesem dritten Arbeitsgang kann nun auch die Perspektive ins Bild gebracht werden (Ohren, Fellzeichnung usw.). Setzen Sie auch die ersten feinen Härchen des Fells ein. Achten Sie dabei auf Wachstumsrichtung und Struktur. Dabei bietet sich ein Wechsel des Pinsels an, um feinste Striche zu erzielen. Wählen Sie den dünnsten in Ihrem Sortiment dafür.

d) Im letzten und gleichzeitig schwierigsten Arbeitsgang erhält das Bild nun sein fertiges Aussehen. Sämtliche Feinheiten werden eingebracht, und das Tierporträt bekommt die nötige Geschlossenheit des Gesamtmotivs zu erreichen. Je nach Grundton des Katzenfells tragen wir zarte Töne auf, wobei jedoch auf ein gutes Abtrocknen der Zeichnung vor dem Lasieren zu achten ist. Strichen Sie die Haarstrukturen in feiner Manier aneinander und beachten Sie die genaue Verteilung von Licht und Schatten. Orientieren Sie sich hierbei genau an der entsprechenden Vorlage.

Ist die Struktur des Fells vollendet, kann man nun noch mit einem etwas größeren Pinsel feine Lasuren auftragen, um die notwendige Plastizität zu erreichen.

Zum Abschluß dieser Arbeit setzen wir noch die hellen Barthaare mit Aufsetzweiß ein. Auch kleinere Lichtreflexe in Augen und Nase beleben das Bild zusätzlich.

63 Tierbildnisse erfordern meist gründliche Studien der Anatomie des Vorbilds. Hier ist es ein Pferdekopf, der mit Bleistift auf Papier gebracht wurde.

Landschaftsmalerei

Das Landschaftsmotiv wird bevorzugt in einem Rahmen gehalten, also in einer mit Gold oder farbig angelegten Umrandung. Das hat den Vorteil, daß das gesamte Motiv geschlossen und abgerundet wirkt. Da Landschaftsmalereien meist als Wandschmuck dienen, sind auch hier Wandschmalereien mit einem in den Scherben eingearbeiteten Relief erübrigt sich hingegen oft eine farbige Einfassung, da ja hier bereits ein Rahmen vorgegeben ist. Die Landschaftsmalerei wurde aber auch auf ganze Tafelservice aufgebracht. Schon zu den Anfängen der Porzellanmalerei ließen sich Fürsten und Könige ihre Lieblingsschlösser und Pavillons von Künstlerhand malen. Es sind uns viele dieser ersten Beispiele erhalten geblieben, und es sind beeindruckt, mit welcher Feinheit und Detailtreue vorgegangen wurde.

Wie alt die Tradition der Landschaftsmalerei ist, zeigt die Tatsache, daß lange bevor in Meißen das erste europäische Hartporzellan erfunden wurde, bereits in China Teehäuser, Berge, Tierherden oder Jagdszenen auf Porzellan gemalt wurden.

Die ersten Motive in Europa (ca. 1720) waren pompöse Schlösser und Parkanlagen, Kirchen und Klostergebäude. Später ging man dann dazu über, Marktplätze, Hafenanlagen oder auch Alltagsszenen einer Stadt zu malen. Große Anregung fand man auch hier wieder bei den Meistern der Ölmalerei.

Beginnen Sie am besten mit einer einfachen, vielleicht sogar erfundenen Landschaft. Zum Beispiel: ein Gebäude, ein Baum, ein Ausschnitt eines Gewässers, etwas Uferlandschaft und natürlich ein Stück Himmel. Ob Sie sich auch die Darstellung von Personen in dieser Umgebung zutrauen, bleibt Ihrem Können überlassen.

Zur farblichen Gestaltung dieser Art Porzellanmalerei gibt es zu sagen, daß hier mehr- und einfarbig gearbeitet werden kann. Bei der einfarbigen Variante hat vor allem die purpurne Ausführung einen hohen Beliebtheitsgrad. Sie hat zudem den Vorteil, daß man sie fast fertig anlegen kann. Für die Ausarbeitung sind dann nur noch ein paar konzentrierte Pinselstriche erforderlich. Schauen wir uns zunächst den Werdegang der mehrfarbigen Ausführung an (Abb. 66).

a) Festlegen des äußeren Rahmens, besonders geeignet ist das Arbeiten mit einem farbigen Fond, der das Bild einfaßt. Genaues Aufzeichnen des Bildes (als Hilfsmittel kann das Rastergitter dienen); wenn Sie einen Ausschnitt aus einem größeren Bild gewählt haben, achten Sie darauf, daß der Ausschnitt eine ausgewogene Komposition enthält, also nicht alle Einzelheiten des Motivs in einer Ecke des Rahmens sitzen und an anderen Stellen Leerflächen überwiegen. Das Hauptmotiv

64 Mit einem Skizzenblock in der Tasche wird ein Spaziergang leicht zum Studienausflug und liefert geeignete Motive.

(Kirche, Bauernhof o. ä.) sollte etwas seitlich an den Rand gesetzt werden, und ausgleichend dazu sollten auf der Gegenseite Blickpunkte vorhanden sein (ein kleineres Gebäude, Bäume, Buschwerk), als dritten Blickfang gestalten wir z. B. den Himmel etwas unruhig.

b) Helles, aber schon leicht plastisches Anlegen des Motivs, Licht und Schatten bereits jetzt andeuten, Häuser und nichtnatürliche Bestandteile des Motivs (Schiffsmasten, Brunnen, Laternen, Fenster, Türen, Lagedut für Schiffe oder Fuhrwerke, Zäune u. a.) jetzt mit einem mittleren Braunton (Terra di Siena) umzeichnen. Nun Ufer, Bäume, Buschwerk, Himmel und Gewässer hell anlegen. Achten Sie darauf, daß die Farbtöne hierbei nicht grell und unnatürlich wirken, auch jetzt bietet sich ein dezentes Brechen der Grüntöne an. Um überzeugende Erdtöne zu erreichen, setzen Sie dem Grün einfach ein wenig Ocker oder Grau zu. Wasser und Himmel kann man bei einiger Übung bereits bei der Anlage fertig gestalten. Wenn Sie den Himmel etwas bewölkt und unruhig wollen, streichen Sie ihn zunächst in einem grau-blau-hellbraunen Ton leicht streifig ein. Nach kurzem Antrocknen waschen Sie den Pinsel in Terpentin aus und ziehen aus der aufgetragenen Farbe die weißen Wolken heraus. Achten Sie auf unterschiedliche Formen und Größen der Wolken, um den Himmel möglichst interessant zu gestalten. Beim Wasser verhält es sich ähnlich, nur daß nach der Anlage in horizontaler Richtung Glanzlichter der spiegelnden Wasseroberfläche herausgewischt werden. Soll die Wasserfläche allerdings unruhig erscheinen, müssen wir auch hier etwas wolkige Belebung bringen, um die Gischt der Wellen anzudeuten.

c) Jetzt empfiehlt sich auch bei dieser Maltechnik ein Zwischenbrand, um die Anlage vor einem Aufweichen bei der Ausarbeitung zu schützen (400° C).

Anschließend kann mit der genauen Gestaltung des gesamten Motivs begonnen werden. Anfängern wollen wir mit den Hauptbestandteilen wie Gebäuden, Schiffen, Fuhrwerken oder Brücken und restlicher Architektur. Ziehen Sie am besten zu Beginn alle klar zu erkennenden Schattenflächen geschlossen zu. Das gilt besonders für Schlagschatten zwischen einzelnen Gebäuden oder den jeweiligen Dächern, danach folgen die Häuserwände, Planen, Markisen, eben alle größeren Flächen. Seien Sie immer gewillt, den genauen Farbton des Vorbildes zu erreichen, um Ihr Porzellangemälde auch wirklich originalgetreu fertigzustellen. Nun folgen all die Kleinigkeiten wie Fenster, Schornsteine, Telegraphenmasten, Dachziegel und all die Feinheiten, die uns in einem solchen Bild begegnen. Verwenden Sie hierfür ruhig dunkle Brauntöne, um die Zeichnung auch klar erkennbar zu machen. Helle Lichtreflexe können auch jetzt mit dem Radiermesser herausgekratzt werden (z. B. bei Glanzlichtern auf Glasscheiben der Fenster, Metallteilen, Edelmetallen oder auch Spiegelungen auf Wasser und nassem Laub der Bäume).

Die eigentliche Natur der Ufer, Felsen und Wege wird dann zart im jeweiligen Erd- oder Grünton erarbeitet. Es soll alles weich und duftig wirken, und die einzige Strenge – in einem Baum zum Beispiel – darf von Stamm und Astwerk ausgehen. Bevorzugen Sie Ocker, Zinnobergrün, Gelbgrün, Blaugrün und verschiedene Brauntöne wie Sepia, Terra di Siena, Umbra, Gelbbraun. Für die Lichtseiten des Buschwerks und der Bäume kann man etwas Hellgelb verwenden, um die unmittelbar im Licht liegenden Blätter zu betonen. Schauen Sie sich vor Beginn Ihrer Arbeiten genau die Ausführung der Landschaftsmalerei auf Abbildung 66 an. Sie werden den Ablauf in allen Einzelheiten entnehmen können, und vor allem der Anfänger hat eine Stütze bei den ersten Schritten auf diesem Gebiet.

Die Einrahmung des fertigen Bildes entnehmen Sie dem Abschnitt »Golddekoration«, Seite 104 ff.

Bei der einfarbigen Gestaltung einer Landschaft wählen wir zunächst die passende Farbe. Wie bereits erwähnt, erfreut sich Purpur hierbei einer großen Beliebtheit. Aber auch Ausführungen in Kobaltblau und Maron kommen häufig vor. Die Anlage erfolgt genau wie unter a) und b) aufgeführt. Der wesentliche Unterschied besteht lediglich darin, daß man in der Anlage bereits mehr Details malen kann als bei der mehrfarbigen Variante, da man ja nur eine Farbe behandeln muß. Das heißt, Sie können durchaus schon in der Anlage Einzelheiten angeben und fast fertig malen. Die Ausarbeitung erfordert demzufolge nur noch einzelne gezielte Pinselstriche, um Einzelheiten zu betonen. Abschließend ist noch zu sagen, daß die Landschaftsmalerei einen beträchtlichen Zeitaufwand nötig macht und Ausdauer und Liebe des Malers in besonderem Maße verlangt.

Einzelne Gebäude

Viele Hobbykünstler malen berühmte Gebäude und Bauwerke der Geschichte, wie Burgen, Kirchen, Rathäuser, Brücken u. v. m. auf Holz, Stoff, Glas oder Papier. Man kann dieses Thema natürlich auch auf das Gebiet der Porzellanmalerei übertragen.

Als Beispiel soll uns diesmal aber nicht ein in aller Welt bekanntes Bauwerk dienen, sondern ein altes Fachwerkhaus. Sicher gibt es auch in Ihrer Umgebung ein reizvolles Objekt, das festzuhalten sich lohnt. Sei es ein schönes Bürgerhaus, ein abgelegener Bauernhof, ein altbekanntes Gasthaus oder eine Stadtvilla aus der Zeit der Jahrhundertwende. Natürlich kann auch der Bildteller mit dem Motiv eines modernen Einfamilienhauses dessen Bewohner erfreuen.

Im folgenden nun der Werdegang eines solchen Bildes. Wählen Sie sich zunächst den geeigneten Malgrund aus. Als Motivträger sind besonders Wandteller oder Porzellanplatten gefragt. Letztere eignen sich auch zum Rahmen.

a) Auch bei dieser Maltechnik beginnen wir natürlich mit der Aufzeichnung der wichtigsten Konturen und Einzelheiten. Versuchen Sie diesmal auf die Verwendung einer Lochpause zu verzichten. Es handelt sich bei Gebäuden meist um gerade Linien, die man auch mit einem Lineal aufbringen kann. Genaue Maße übernehmen Sie millimetergenau von der Originalvorlage. Feinheiten wie Hausnummern o. ä. können Sie bei diesem Arbeitsschritt noch weglassen, da solche Details jetzt unnötig Unruhe erzeugen und später viel besser eingezeichnet werden können. Pflanzenwuchs wie Bäume, Sträucher oder auch Büsche werden nur schemenhaft angedeutet, da sie ausschmückende Funktion haben und nicht vom Hauptmotiv des Hauses ablenken sollen.

Die Vorlage (Foto oder eigene Studie) sollte möglichst die gleiche Größe haben *wie* das spätere Bild, da Sie sich so ein maßstabsgerechtes Umsetzen des Motivs ersparen, was bei Anfängern leicht zu Verzerrungen und perspektivischen Fehlern führen kann.

b) Als nächstes legen wir die Grundtöne der einzelnen Hausflächen an. Die Farbtöne entnehmen Sie dabei der Vorlage. Da es oft ziemlich ruhige, einfarbige Passagen sind, ist ein Mischen nicht nötig.

In die einzelnen Segmente einer Häuserfront können jetzt schon (vor allem wenn es sich um sehr verschachtelte Architektur handelt) die stärksten Schlagschatten gesetzt werden. Das gibt einen ersten perspektivischen Eindruck des Gesamtbildes. Auch kleinere Schatten an Schornstein oder Simsen können schon hell angedeutet werden.

Die Grünbehandlung sollte zunächst zurückhaltend angegangen werden, da diese Flächen sonst irritieren. Eine zarte Farblage im jeweiligen Grün mit einigen vorgegebenen Tiefen sollte erst einmal genügen.

Türen und Fenster werden mit dem entsprechenden Braun oder Schwarztönen eingesetzt, ohne jedoch gleich zu dunkel gemalt zu werden oder gar nur als finstere Löcher zu wirken. Denken Sie daran, daß auch hier noch feinste Zeichnungen hinzukommen (Türklinken, Fensterkreuze usw.).

c) Nach guter Abtrocknung der Anlage geht es jetzt ans Ausarbeiten, was Konzentration und Ausdauer verlangt. Ziehen Sie zuerst die wichtigsten Linien fein nach (Dachrinnen, Giebel, Schornsteine u. a.). Wählen Sie hierfür einen neutralen Grauton, der mit etwas Blau oder Maron gebrochen sein kann. Dachziegel und Strukturen von Balkonen oder Holzverkleidungen werden jetzt ebenfalls gezeichnet. Benutzen Sie einen feinen Pinsel, um alle Einzelheiten klar malen zu können, und dasselbe gilt natürlich auch für das Umfeld des Hauses, in das jetzt Astwerk und größere Blattgruppen gemalt werden. Achten Sie auf Detailtreue der Gewächse, damit der Betrachter auch Art und Standort von Baum und Strauch wiedererkennt. Auch können Schatten und besondere Tiefen im Motiv betont werden, indem sie exakt nach der Vorlage gestaltet werden.

d) Nachdem die Farbe wiederum gut abgetrocknet ist, erfolgt die letzte Ausarbeitung, in welcher nun alle Feinheiten durchgeführt werden. Dies betrifft kleinste Details wie Hauslaternen oder auch Blitzableiter. Im entsprechenden Farbton zeichnen Sie all die Einzelheiten nach und geben auch den Bäumen und Sträuchern ihr endgültiges Aussehen. Gut bewährt hat sich hierbei das Aufsetzweiß, mit welchem man Lichtreflexe erzielen kann (z. B. an Fenstergläsern, Wasserflächen oder auch Pflanzen).

Ganz zuletzt malen wir nun noch die bunten Farbtupfen von Blumen und die leuchtenden Elemente z. B. von Rolläden und Markisen.

65 *Bei mehreren Gebäuden auf einem Bild sind besonders verwinkelte Altstadtszenen reizvoll.*

66 Eine Landschaftsmalerei, in drei Arbeitsstufen dargestellt (genaue Beschreibung im Text).

67 Ein altes Fachwerkhaus als Beispiel für die Gebäudemalerei. Solche Motive eignen sich besonders gut für Wandteller oder Porzellanplatten.

Weihnachtsteller (Jahresteller)

Die sogenannten Jahresteller erfreuen sich nach wie vor großer Beliebtheit in vielen Familien und sind teilweise zum begehrten Sammelartikel geworden. Für viele ist es reizvoll, eine ununterbrochene Serie zu besitzen. Die Motive sind sehr unterschiedlich und durchaus nicht nur auf Tellern anzubringen (auch Weihnachtsglöckchen oder diverser Baumschmuck sind möglich).

Die Motivwahl eröffnet Ihnen eine Vielzahl an Möglichkeiten. Von der Märchenszene über Landschaften bis hin zu Winterbildern. Aber auch modern gehaltene Wandteller sind durchaus machbar. Suchen Sie sich zunächst ein Motiv Ihres Geschmacks aus, und legen Sie die zu verwendende Farbe fest. Jahresteller werden nämlich meist einfarbig gehalten und nur durch wenige Gold- oder Platinelemente belebt. Besonders beliebt ist seit jeher das Kobalt- oder Königsblau. Es stellt im Kontrast mit dem Weiß des Scherbens eine ideale Komponente für Schnee und Wintermotive dar.

Empfehlen würde ich, vor allem wenn Sie eine fortlaufende Serie gestalten wollen, sich auf ein ganz bestimmtes Thema zu konzentrieren (z. B. Kinderszenen, Landschaften, Christkind u. ä.). Sie erhalten sich so die Sammler, die jedes Jahr das Nachfolgestück erwerben wollen.

Der Werdegang ist im großen und ganzen schon im Abschnitt »Landschaftsmalerei« beschrieben worden. Es sind die ziemlich gleichen Arbeitsabläufe und Teilschritte.

a) Zeichnen Sie sich zunächst das erwählte Motiv genau vor. Wenn Ihnen das auch bei diesem Thema zu schwierig erscheint, fertigen Sie die Lochpause an und pausen Sie mit Holzkohlestaub auf.

b) Durchzeichnen der wichtigsten Konturen mit dunklem Kobaltblau. Einbringen erster tiefer Schattenflächen an Simsen und Dächern. Auch Bäume oder Strauchwerk schon jetzt leicht andeuten. Helle Himmel und Landschaftspassagen mit breitem Pinsel anlegen und gut abtrocknen lassen. Verwenden Sie bei »weichen« Flächen einen Stupfer, um die Übergänge geschmeidig und ruhig zu gestalten. Die gesamte Anlage gut trocknen lassen!

c) Nun können wir die Ausarbeitung vornehmen. Das geschieht ebenfalls nach Manier der Landschaftsmalerei. Wenn Sie jetzt nur eine Farbe verwenden, teilen Sie die Tonwerte am besten in drei Stufen ein. Malen Sie dunkle, mittlere und helle Töne.

d) Alle Einzelheiten werden auch hierbei genau von der Vorlage oder dem Entwurf übernommen. Verwenden Sie einen feinen Pinsel von mittlerer Stärke. Falls Sie mit Aufglasur-Kobaltblau arbeiten, noch einige Tips: Setzen Sie die dunkelsten Töne ruhig sehr dick und fast pastös auf den Scherben. Diese Farbe ist eine sogenannte Einsinkfarbe, was bedeutet, daß sie im Brand weich in die Glasur eingeht (es gibt allerdings auch andere Blaunuancen, die ebenfalls geeignet sind und nicht so hoch gebrannt werden müssen). Unser erwähntes Einsinkblau muß bei ca. 1100° C gebrannt werden, um den weichen Eindruck entstehen zu lassen, den viele Sammler an den Jahrestellern so schätzen. Vergewissern Sie sich also vor Beginn Ihrer Arbeit, ob Ihre Brenngelegenheit so hohe Temperaturen erreicht.

e) Bei der jeweiligen Jahreszahl ist zu beachten, daß sie originell ins Bild eingebaut wird und nicht allzu selbständig und isoliert steht. Möglichkeiten gibt es dafür viele. Man kann sie in ein Gebäude malen, als Figuren darstellen oder wie in unserem Beispiel in den Schnee kratzen.

f) Beim Brennen müssen Sie wie gesagt auf die vorgesehene Farbart und deren Schmelzpunkt achten. Wir haben bewußt noch kein Edelmetallpräparat eingebracht, da dieses bei einer Einschmelztemperatur von über 1000° C verbrennen würde.

g) Nach dem Erkalten der Gegenstände kann jetzt Gold oder Platin in die Malerei eingebracht werden. Verwenden Sie es bei kobaltblauer Malerei möglichst sparsam, um das schöne Blau nicht in den Hintergrund rücken zu lassen. Meist handelt es sich ohnehin nur um kleine Sterne oder Zierat an Weihnachtsbäumen oder Häusern. Es sollte eine ausgewogene Brillanz zwischen Blau und Gold entstehen. Empfehlen möchte ich Ihnen noch einen einfassenden Reif um das Gesamtmotiv, soweit es sich um Wandteller handelt.

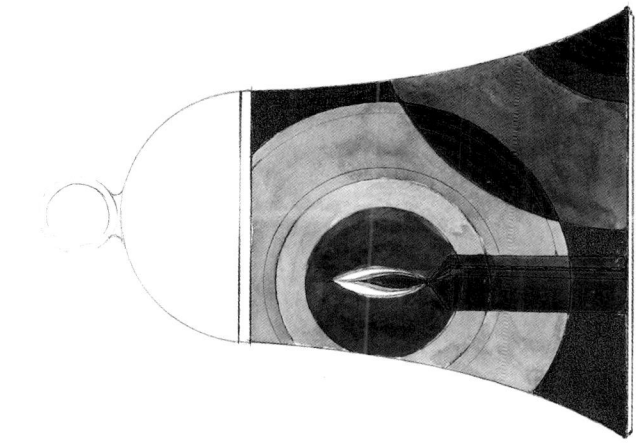

68 Dekorvariante einer Glocke aus Porzellan für den Weihnachtsbaum.

Kindermotive

Eine äußerst beliebte Dekorationsart sind Kindermotive für Kleinkindgeschirre. Viele solcher Teile werden zu einem Begleiter der Kinder über viele Jahre. Sicher gibt es davon schon einiges im Handel, aber es ist doch etwas anderes, wenn es Mami oder Papi selbst für ihren Sprößling gezaubert haben. Solche Motive haben einen besonderen Reiz, wenn sie an Bilder aus Kinderbüchern angelehnt sind. Aber auch selbst entworfene Figuren wie der Harlekin auf Abbildung 73 erfreuen schnell ein Kinderherz. Sie sollten an die Motivsuche ganz nach Kindermanier herangehen. Unbefangen und naiv. Es kommt dabei so viel in Frage, daß die Wahl oft schwer fällt. Tiere, Spielzeug und Märchenfiguren sind ebenso möglich wie Phantasiewesen oder auch einfache Symbole. Gehen Sie dabei vielleicht auch auf etwaige Neigungen Ihrer Kleinen ein, etwa bestimmte Sportarten, den Lieblingsteddy usw.

Kompositorisch können Sie unkonventionell vorgehen. Vermeiden Sie eine zu steife Anordnung und zu blasse Farben. Kinder haben es am liebsten grell und farbig. Beachten Sie auch, daß vor allem kleinere Kinder etwas auf dem Teller »entdecken« möchten und das Essen Spaß machen soll. Wenn die Speise etwas verdeckt, wird sie doppelt gern verputzt, wenn unter ihr eine Überraschung zu erwarten ist.

Die Aufzeichnung können Sie wieder frei Hand oder mit der Lochpause vornehmen. Die Pause ist vor allem zu empfehlen, wenn Sie Motive aus der Kinderliteratur verwenden, um die Malerei dem Original möglichst nahe zu bringen. Konturieren Sie am besten zuerst die Figuren bzw. Gegenstände in der entsprechenden Farbe mit Pinsel oder Feder und malen Sie die Flächen nach gutem Abtrocknen der Vorzeichnung aus.

Abschließend empfehlen sich bei Kinderporzellanen noch farbige Ränderungen an Tellern und Tassen. Diesen Arbeitsschritt können Sie in seinem technischen Ablauf der Golddekoration (S. 104 ff) entnehmen.

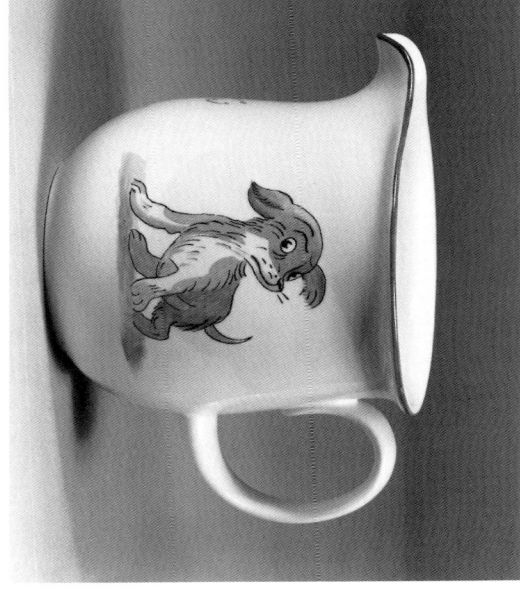

69, 70 *Kleine Kanne und Schale mit Kindermotiven.*

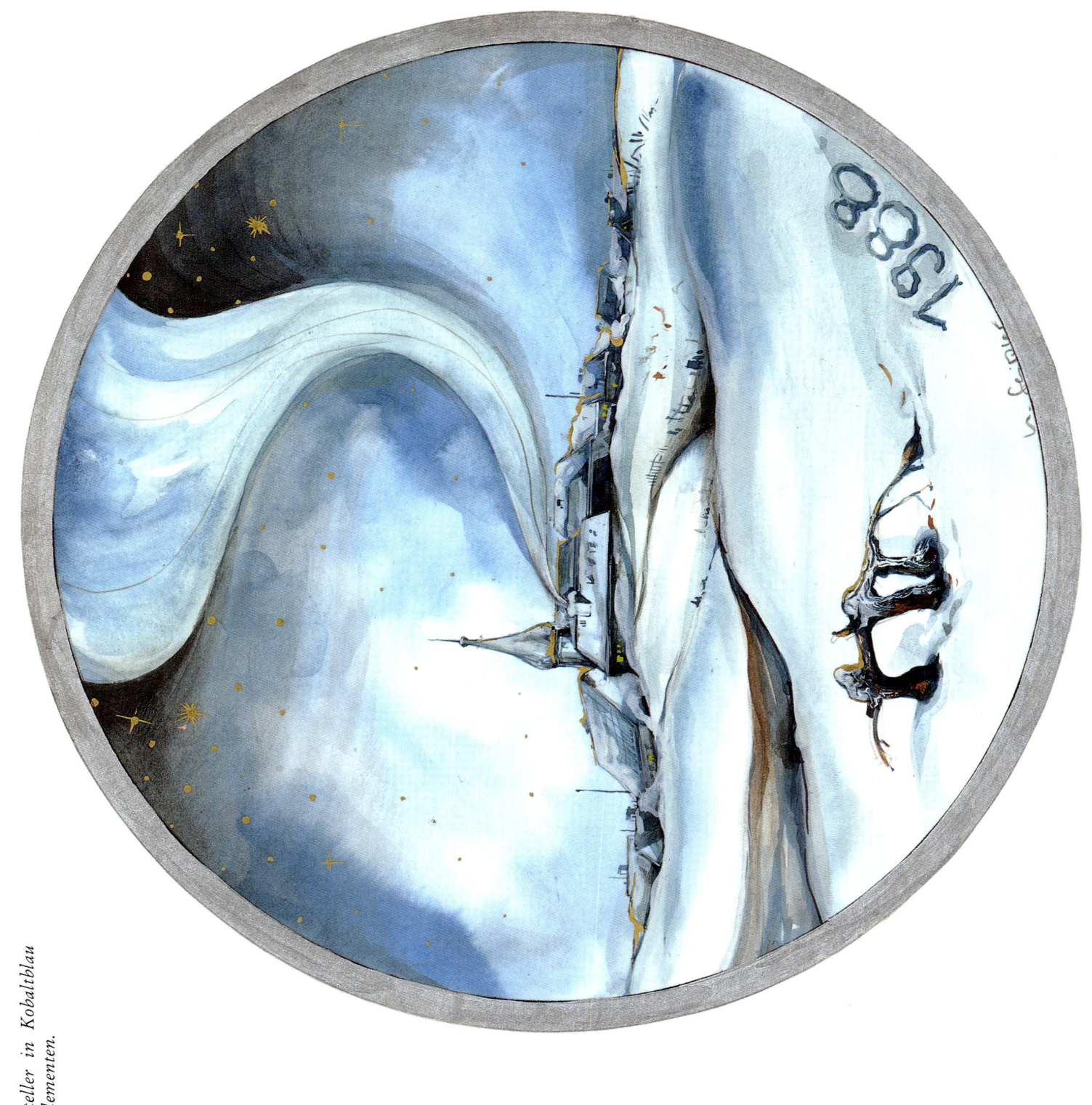

71 Jahresteller in Kobaltblau mit Goldelementen.

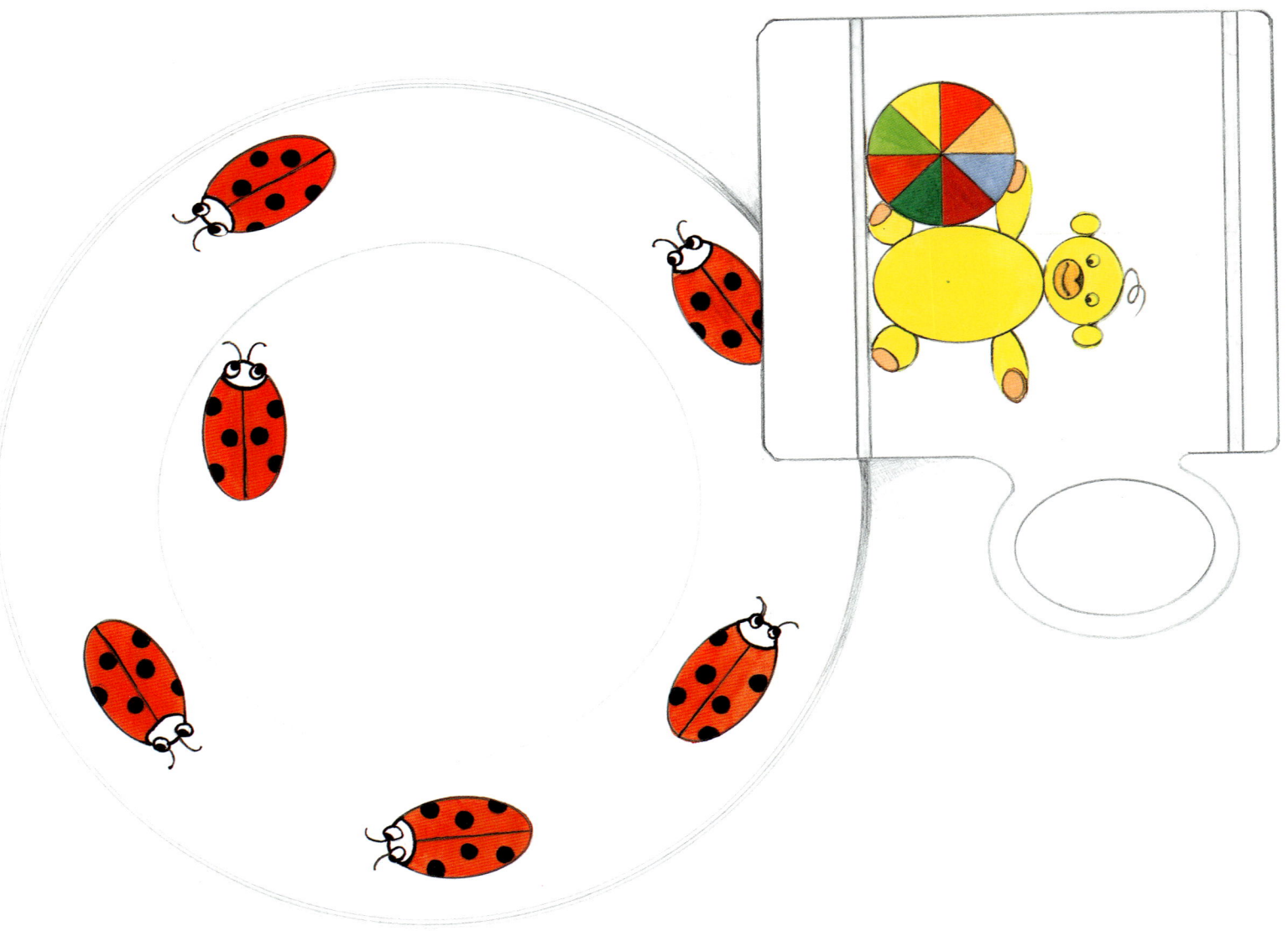

72 Einfach gestaltete Kindermotive auf einem Kakaobecher und einem Teller.

73 Kuchenteller mit Kindermotiv »Harlekin«.

74 Tulpe, gemalt in Kupferstichtechnik:
a Anlage
b Ausführung

75 Kleines Blumenbukett in der typischen Stricheltechnik des Kupferstiches.

Kupferstichmalerei

Die Kupferstichmalerei ist sicher die aufwendigste Technik der Porzellanmalerei überhaupt und hat auch die größte europäische Tradition. Es waren nämlich Kupferstiche und Holzschnitte, an denen sich die ersten Blumenmaler in Meißen orientierten, und die ihnen als Vorlage dienten. Um 1720 war es die meistverbreitete Technik, um die Natur wiederzugeben. Was lag also näher, diese Studien für die Dekoration des erst kürzlich entdeckten »weißen Goldes« zu verwenden. In Tausenden von Varianten sind diese ersten Schritte auf dem Weg zur heutigen Blumenmalerei in aller Welt vertreten. Es ist für den Porzellanliebhaber äußerst interessant, all diese einzelnen Stationen zu studieren und für seine eigene Qualifikation zu nutzen. Leicht ist es nicht, und ich würde wirklich nur dem versierten Maler raten, sich in dieser Technik zu probieren. An Vorlagen mangelt es auch hier nicht. Man denke nur an den gewaltigen Schatz, den uns Maria Sybilla Merian (1647-1717) hinterlassen hat, Tausende von Naturstudien aus allen Teilen der Welt. Dabei hat sie sich nicht nur auf das Studium der Blumen beschränkt, sondern auch Früchte und Insekten in all ihrer Feinheit und Detailgenauigkeit vermittelt.

Der Reiz der Kupferstichmalerei liegt sicherlich in ihrer Eigenart, nämlich das gesamte Motiv aus vielen vielen einzelnen Strichen zusammenzusetzen. Es werden also keine geschlossenen Schattenflächen gesetzt, sondern jede noch so kleine Dunkelheit wird zusammengestrichelt. Auch hierbei kommt es natürlich darauf an, daß der Schatten an der richtigen Stelle sitzt. Die Anlage auf dem Porzellan erfolgt in sehr zarten Farbtönen, denen dann in äußerst zarten Strichen die Ausarbeitung folgt. Die alten Meister haben dabei nicht immer auf die Wachstumsrichtung geachtet, und zuweilen wirkt die Malerei etwas faltig und vertrocknet. Daher auch der Begriff »trockene Blumenmalerei«. In der weiteren Entwicklung dieser Maltechnik ist man jedoch an verschiedenen Manufakturen dazu übergegangen, die Strichführung in Wachstumsrichtung anzuordnen und den Blumen so etwas mehr Schwung zu verleihen.

Ist nun also diese zarte Anlage gut getrocknet, beginnen wir mit der Ausarbeitung. Grundbedingung hierfür ist natürlich ein ausgezeichneter Pinsel, den man, wie bereits beschrieben, zunächst ausschneiden sollte. Gerade hier macht sich ein unliebsamer Nebenstrich des Pinsels sehr negativ bemerkbar

Oft ist diese Technik für den Anfänger etwas zu schwierig und führt nicht zum erhofften Erfolg. Probieren Sie deshalb zunächst verschiedene Motive auf Papier, und machen Sie sich mit der Eigenart vertraut.

Auch die Farben verlangen eine ganz bestimmte Behandlung, und es bedarf schon einiger Übung, sie in den Griff zu bekommen. Nehmen wir nur das Kupfergrün als Farbe an sich. Diese spezielle Farbe hat die Eigenart, erst nach dem Brand transparent zu werden. Das heißt, sie wird zunächst schwarz unterzeichnet, und erst dann legt man das Kupfergrün in zwei Lagen darüber. Die schwarze Zeichnung verschwindet so zunächst völlig unter dem Grün. Im Brand wird das Grün durchsichtig, und die Zeichnung wird wieder sichtbar. Diese Farbe wird aber ausschließlich für das Pflanzengrün verwendet. Da es eine gewisse Routine voraussetzt, sollte sie auch dem versierten Maler vorbehalten bleiben (Abb. 75).

Die anderen Farben sind in Behandlung und Anwendung denen der Maniermalerei ziemlich gleich, nur daß man sie etwas brechen sollte, um sie nicht zu grell und giftig wirken zu lassen. Die Originale der Kupferstiche sind nämlich auch nur in sehr dezenten Tönen gehalten, und wirklich schreiende Farben sind die Ausnahme. Auch sind bei der Ausarbeitung einige andere Regeln zu beachten. So wird z. B. das Gelb nicht mit Grau ausgearbeitet, sondern ein dunkler Braunton übernimmt diese Aufgabe. Die genaue Beschaffenheit dieser Maltechnik können Sie an vielen Stichen in einem der unzähligen Sammelbände studieren.

PHANTASIEDEKORE

Gern möchte jeder Porzellanmaler auch einmal ein moderneres, selbst entworfenes Motiv gestalten und nicht nur überlieferte klassische Dekorvarianten ausprobieren. Die Ideen hierfür sollte natürlich jeder selbst entwickeln, um so den eigenen Stil zu finden. Hier kann man nur einige Anregungen geben und technische Abläufe aufzeigen. Wenn diese Dekore modisch aktuell sein sollen, werden Sie sich ohnehin an jeweiligen Trends oder auch bestimmten Modefarben orientieren. Siehe hierzu Abbildung 77.

a) Zeichnen Sie mit dem Fettstift zunächst leicht die Konturen der Malerei auf. Wichtig für die Aufzeichnung ist eine ausgewogene Komposition des gewählten Dekors. Sie sollten also nicht nur einer Seite der Tellerfahne Beachtung schenken, sondern auf gleichmäßige Verteilung der Einzelsegmente achten.

In unserem Beispiel handelt es sich um mosaikartige Felder, die in Größe und Form ständig variieren. Ich habe sie puzzlegleich ineinandergreifend geformt, um so eine Einheit des Bildes zu erreichen.

b) Jetzt folgt die farbige Ausmalung. In einem zarten Violett legen wir die einzelnen Felder gleichmäßig aus. Reiben Sie die Farbe etwas fettiger (Dicköl) an, um eine ruhige Farblage zu erlangen. Sind alle Segmente ausgemalt, legen wir den oder die Gegenstände zum guten Durchtrocknen für ein paar Minuten in die Backröhre.

c) In dem dritten Arbeitsgang geben wir den Einzelteilen etwas Struktur, die das Gesamtmotiv deutlich belebt und ihm eine fast kristalline Wirkung verleiht. Verwenden Sie dafür ein dunkles Violett, dem zur zusätzlichen Farbbrillanz etwas Blau beigegeben werden kann.

Die einzelnen Ausarbeitungsdrucker setzen Sie sternförmig in die einzelnen Flächen. Bei etwas kleineren Einzelsegmenten reicht auch eine zierliche gestrichelte Linie oder auch nur ein kleiner Drucker am Flächenrand. Druckern Sie immer von innen nach außen (auch nach diesem Malvorgang gut trocknen lassen).

d) Den Abschluß des Phantasiedekors soll nun noch eine in Platin gehaltene Umrahmung bilden, die mit einem feinen Pinsel aufgetragen wird. Zeichnen Sie zunächst die Zwischenräume in den Violettfeldern zart und sorgfältig aus. Vermeiden Sie möglichst ein Überschneiden von Farbe und Platin. Sollte es dennoch einmal passieren, daß beide übereinander liegen und in den Brand gelangen, so ist das kein Grund zur Besorgnis. An diesen Stellen erscheint zumeist ein winziger dunkler Rand, der sich kaum störend auf das Gesamtmotiv auswirkt, und manchmal sogar sehr reizvoll sein kann.

Ein paar vereinzelt verteilte Platinpunkte um die einzelnen Flächen verleihen der Malerei zusätzlichen Reiz. Zuletzt noch die Einrahmung durch dünne Platinlinien an den Rändern. Legen Sie einen Rand ganz nach außen und einen an die Innenseite der Tellerfahne. Die genaue Anleitung hierfür finden Sie im Kapitel »Golddekoration«, Seite 104 ff.

76 *Freies Blumen- und Randdekor auf Teller.*

77 Phantasiedekor auf einer Tellerfahne in Violett und Platin (Anleitung im Text, Seite 76).

78 Phantasiedekor für den Tellerspiegel mit zarten Übergängen zur Tellerfahne (Seerosenmotiv).

79 Frei entwickeltes Dekor »Red Horse« für Flachteile. Die Farben können hier natürlich beliebig ausgetauscht werden.

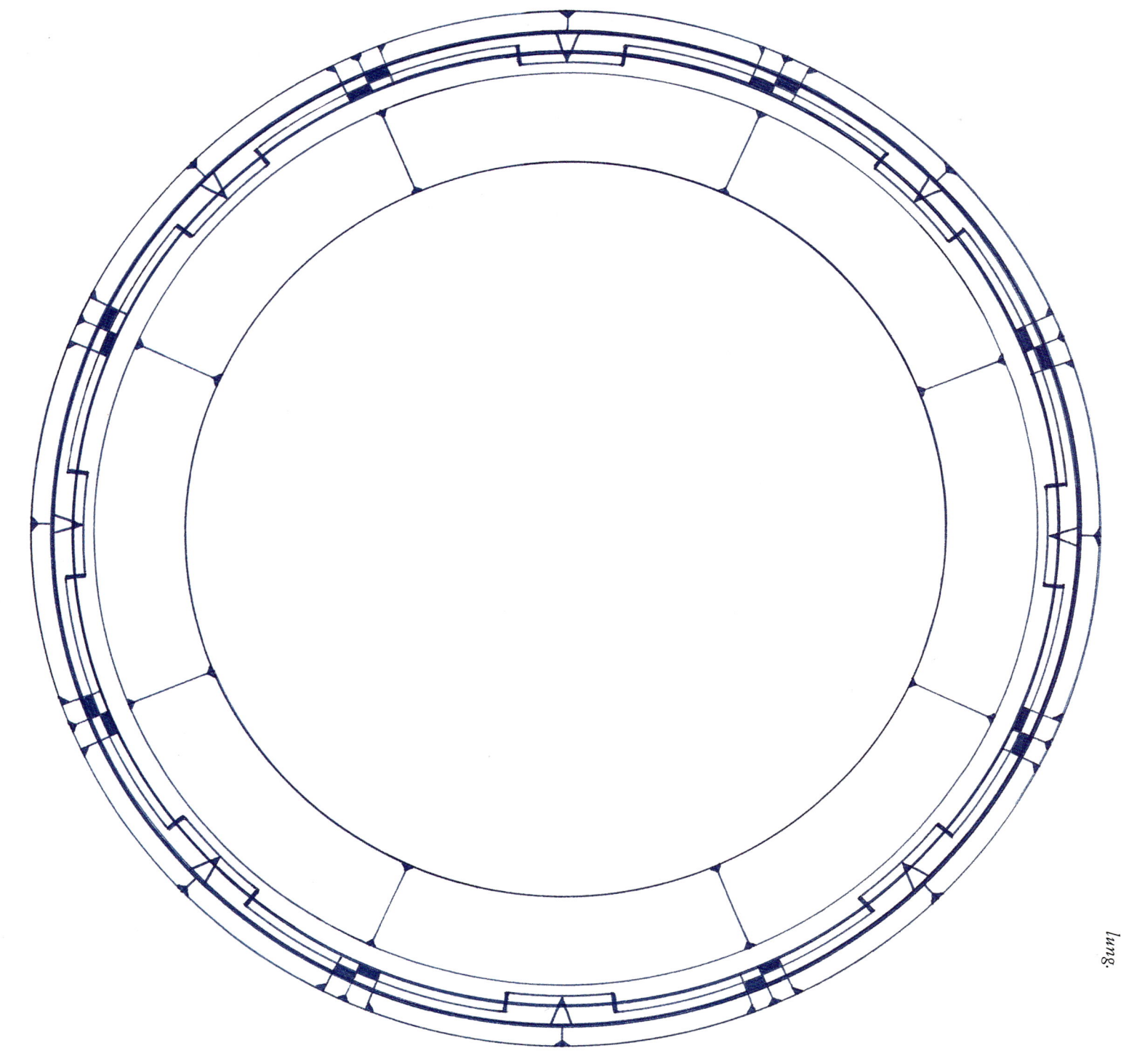

80 Streng geometrisch gehaltenes Fahnendekor in Achterteilung.

Schmuckmotive

Schmuckmotive beinhalten eigentlich alle nur denkbaren Dekorationsvarianten. Allerdings finden wir in ihnen – wie der Name schon sagt – viele Details, die auch bei anderen Ausschmückungen zur Anwendung kommen. Die einzelnen Elemente reichen vom farbigen Band mit Schleifen über einfache Ränder bis hin zum üppigen Kantenmotiv. Anregungen hierzu können Sie sich überall holen, betrachten Sie jedoch auch aufmerksam, wie z. B. Juweliere ihre Arbeit gestalten und Eindrücke umsetzen, die ihnen die Natur vermittelt. Dabei öffnet sich Ihnen ein weiter Spielraum. Wenn es auch viele klassische Vorbilder gibt, sind oft selbst entwickelte Ideen nicht weniger reizvoll. Die Anordnung auf dem Scherben selbst sollte durch dessen Form bestimmt werden. Oft kann auch an diversen Reliefs entlang gearbeitet werden. Neutrale Formen ohne Erhebungen in der Weißfläche lassen sich natürlich am einfachsten bemalen, da der Verlauf beispielsweise eines Schmuckbandes völlig frei angeordnet werden kann, ohne einem Design folgen zu müssen. Meist wird ein solches Zierband bei den Flachteilen am Rand entlang geführt. Das läßt die Tellermitte frei und das Gericht zur Wirkung kommen.

Auf den Hohlteilen ist die Anordnung wie erwähnt völlig locker gestaltbar. Oft ist zu beobachten – und trifft zudem den »Porzellangeschmack« vieler Liebhaber –, daß z. B. Schleifen und Bänder leicht geschwungen in die Flächen hängen und mit Knoten oder Schwüngen interessant gestaltet sind. Zusätzlich kann auch wieder mit Blumen, Zweigen oder zarten Linien eine Belebung erfolgen. Die farbliche Gestaltung sollte in Anlehnung an die entsprechend gewählte Vorlage ausgeführt werden.

— Zeichnen Sie sich mit dem Fettstift zunächst das Motiv schemenhaft vor (wenn Sie eine detailgetreue Vorlage haben, können Sie auch eine Lochpause anfertigen und an den jeweiligen Gegenstand anpassen).

— Jetzt empfiehlt sich ein der Indischmalerei ähnliches Konturieren des Motivs (je nach Farblage mit Feder oder Pinsel). Auch Bänder oder Blumen werden angelegt. Achten Sie wiederum auf stilgerechte spezielle Reliefs und Zierat.

— Zuletzt kann, nach gutem Austrocknen, die feine Ausarbeitung gestaltet und ganz zum Schluß die Edelmetallpräparate aufgebracht werden.

Ornamente

Die Ornamentik zur Verzierung von Porzellangegenständen hat eine bis zu den Anfängen der Menschheitsgeschichte zurückreichende Tradition. Schon früh hatte man begonnen, Dinge des täglichen Bedarfs, wie Krüge und Trinkschalen, zu verzieren und mit ornamentalen Elementen zu versehen. Die Vorbilder hierfür nahm man aus der Natur, und die Struktur eines Blattes, eines zufällig entstandenen Schattens oder auch die Form einer Wolke regten die Phantasie der Menschen immer aufs neue an. Die meisten Ornamente weisen dabei eine gewisse Regelmäßigkeit bzw. Symmetrie auf: Auf einem Teller liegen beispielsweise ornamentale Segmente meist in gleicher Form neben- oder aneinander.

Für die spezielle Anwendung in der Porzellanmalerei kann man sich jedoch auf ein einfaches Grundschema beschränken. Wir unterscheiden im großen und ganzen die Vierer-, Sechser- und – für Anfänger als Maximum – die Achterteilung. Die jeweilige Teilung bestimmt natürlich auch die Häufigkeit des Auftretens eines Schmuckmotivs.

Für ein Dekorelement im einzelnen gibt es Auswahlmöglichkeiten aus allen denkbaren Kulturepochen. Dabei ist selbstverständlich auch der Umstand zu beachten, daß das Schmuckteil zur Geschirrform paßt. Das bedeutet jedoch nicht, daß zum Bemalen immer genau passendes Porzellan im Stil des gewählten Dekors vorhanden sein muß. Für ornamentale Randdekore eignen sich fast alle zeitlos glatt gearbeiteten Scherben ohne Schnörkel und reliefbetonte Oberfläche besser, da man so den Malereirand bequemer und losgelöst von Designvorgaben auftragen kann.

Anregungen zum Dekor erhält man aber nicht nur durch ältere Porzellangegenstände selbst, sie sind vor allem in der Literatur zur Architektur, Malerei und Modegeschichte, der Stukkateurtechniken wie Intarsienkunst in reicher Auswahl zu finden.

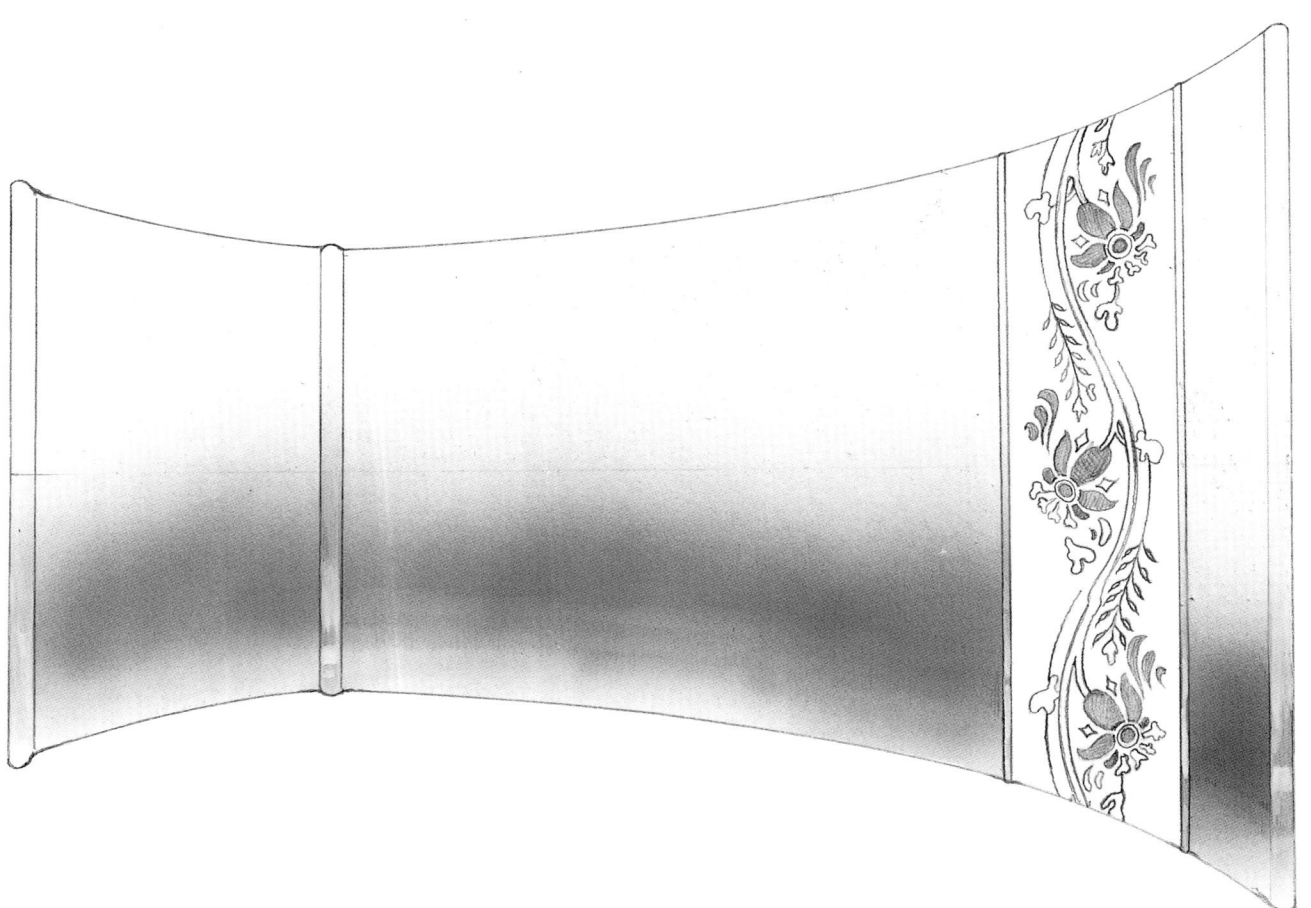

81 Bechervase mit Schmuckband aus Blumensegmenten (s. Detail 81 a).

81a ▷

Nun noch ein paar Tips zum Arbeitsablauf (am Beispiel eines Tellers): Teilen Sie die Fahne des Tellers in die gewünschten Segmente (vier, sechs oder acht) auf. Dafür verwenden wir den bereits erwähnten Fettstift, mit dem wir auch eine Reihe weiterer Orientierungspunkte anzeichnen können. Zuerst ist aber die genaue Mitte des Tellers zu ermitteln, was oft dadurch erleichtert wird, daß sich in der Tellermitte produktionsbedingt eine kleine Erhöhung befindet. Diesen Punkt, der als Orientierungsmerkmal dient, sieht man, indem man den Teller schräg gegen das Licht hält. Sollte dieser kleine Hügel nicht oder nur sehr schwach zu erkennen sein, wird der Mittelpunkt mit dem Lineal festgelegt. Setzen Sie dazu den Nullpunkt der Zentimetereinteilung des Lineals an eine beliebige Stelle des Tellerrandes an und schieben Sie das Lineal langsam auf und ab, bis Sie den größten Durchmesser des Tellers ermittelt haben. Dieser wird nun mit dem Fettstift nachgefahren, und die halbierte Strecke mit einem Punkt gekennzeichnet. Von diesem Mittelpunkt aus muß nur noch die Senkrechte eingezeichnet werden, um eine perfekte Viererteilung zu erreichen. Die vier Abschnitte lassen sich mit dem Winkelmesser weiter unterteilen; es ergibt sich die Achterteilung. Bei ungeraden Teilungssegmenten kann man sich durch die Verwendung der sogenannten Einteilungsscheibe sonst nötige Konstruktionsberechnungen ersparen. Sie ist ein praktisches Hilfsmittel zur Anwendung bei bestimmten Flachteilen, Abbildung 82 zeigt ihre genaue Beschaffenheit. Zu ihrer Herstellung bietet sich als recht biegsames und dauerhaftes Material eine dünne Pappe an.

In dem Strahlenstern, der sich durch die Einteilscheibe ergeben hat, sind nun die einzelnen vorgesehenen Details einzufügen. Sie können dabei ruhig Schablonen bzw. Ornamentlineale verwenden, wenn es das Motiv erlaubt. Sollten Sie noch Ränder oder feine Linien im Muster brauchen, verwenden Sie die Ränderscheibe (siehe Kapitel »Golddekoration«, S. 104 ff.) und einen feinen dünnen Pinsel. Diese Linien sollten übrigens gleich nach der Einteilung der Segmente aufgebracht werden, da sie eine gute Orientierung ermöglichen und dem Gesamtmuster einen gewissen »Rahmen« verleihen. Überhaupt wird empfohlen, alle Ornamentdetails zuerst mit der entsprechenden Farbe zu konturieren und anschließend zu kolorieren, wie es im Abschnitt »Indischmalerei« (S. 93 ff.) beschrieben ist. Ob Sie für die Umrisse Pinsel oder Feder verwenden, liegt bei Ihnen bzw. der Mustervorlage. Natürlich sind auch Lochpausen für größere Details denkbar: den genauen Arbeitsablauf geben die Abbildungen 95/96 wieder.

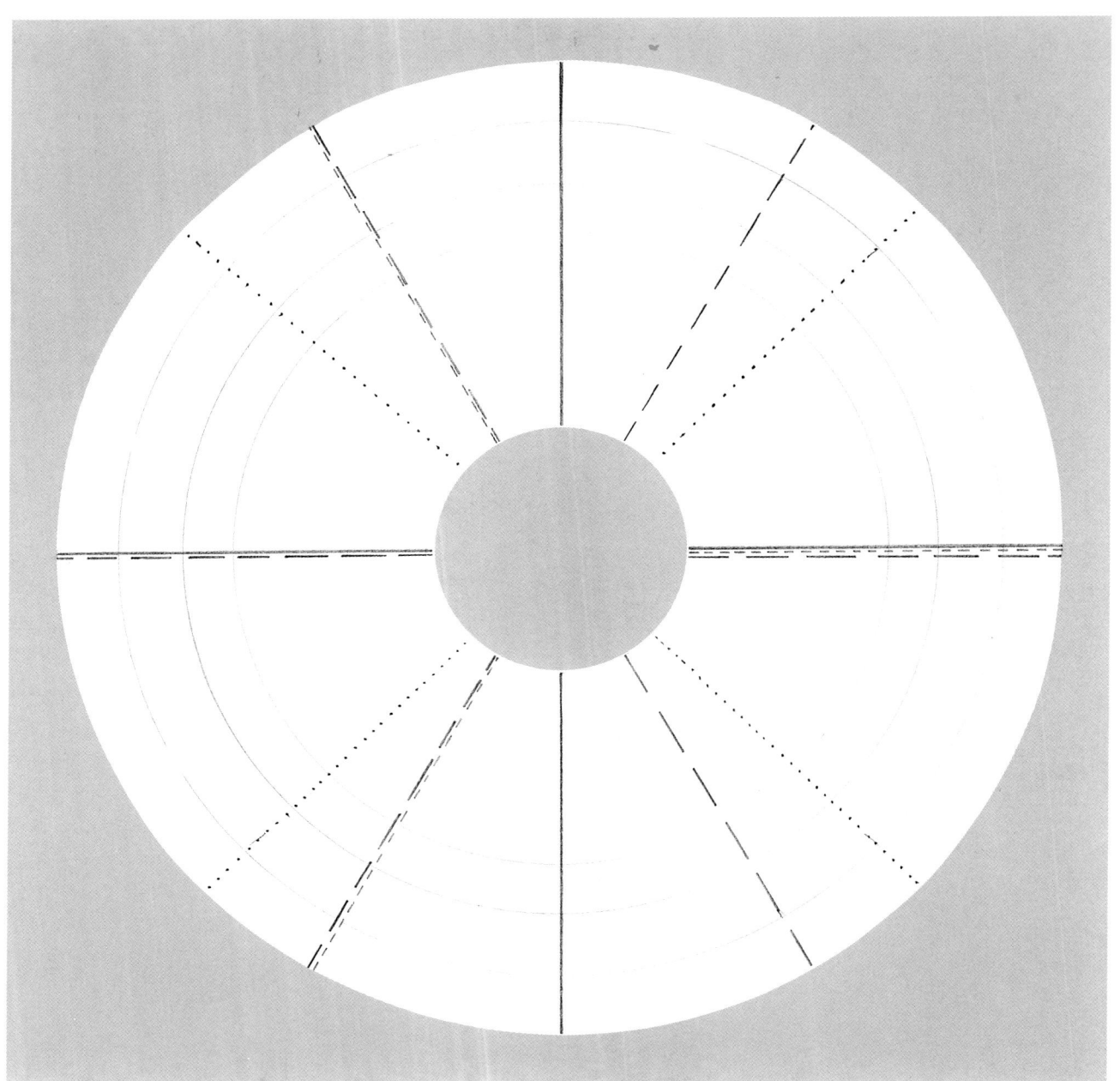

82 Einteilungsscheibe für Ornamente auf Flachteilen:

– – – – Dreierteilung
———— Viererteilung
———— Sechserteilung
—+⋯⋯ Achterteilung

83, 84 Zwei Beispiele einfacher geometrischer Ornamente, die man zu Bändern und fortlaufenden Dekoren erweitern kann.

85 Einfacher Bänderdekor in drei Farben. Die schlichte Gestaltung läßt das Ornament unbefangen und jung wirken.

86 Das Stilisieren einer Blume für moderne Dekore:
a Schwertlilie in naturalistischer Ausführung
b Die gleiche Blüte, stilisiert: nur wesentliche Konturen sind übernommen.
c Die stilisierte Schwertlilie ist in einen farbigen Rand eingebaut worden.

Stilisierte Blumen

Das Stilisieren von Blumen ist wichtig geworden, als man in immer mehr Betrieben dazu überging, mit Abziehbildern zu arbeiten, und als sich auch aus Geschmacksgründen der Kunden sowie verschiedener Moderichtungen und Stilepochen die Dekoration des Porzellans zu verändern begann. Das größte »Aufblühen« der teilweise abstrakt anmutenden Blumen können wir wohl in die Zeit des Jugendstils setzen. In einer unüberschaubaren Vielfalt wurden zauberhafte Malereien entwickelt, deren teilweise völlig neue Techniken heute meist schon wieder vergessen sind.

Wir wollen uns aber auch hierbei auf eine solide Handmalerei beschränken: Nehmen Sie zuerst eine Blume Ihrer Wahl und versuchen Sie über Naturstudien deren wesentlichste Merkmale zu erfassen (Konturen, Wachstumsmerkmale, Farbe, Besonderheiten). Abbildung 86 zeigt den Werdegang am Beispiel der Schwertlilie.

a) Die Blüte in ihrer naturalistischen Ausführung mit allen Details. Staubgefäße, Rippen, Zeichnung der Blätter, Farbtöne – alles ist in seiner natürlichen Erscheinung dargestellt.

b) Wir beschränken uns auf die äußeren Konturen und die wesentlichsten Mittelrippen der einzelnen Blätter, Einzelheiten wie Staubgefäße und Zeichnungen werden weggelassen. Farblich können wir nun bis ins Reich der Phantasie vorrücken: gestalten Sie die Blüten ganz nach Ihrem eigenen Geschmack.

c) Die stilisierte Schwertlilie, eingefaßt in einen farbigen Tellerrand. Die Hauptfarbe der Blume sollte mit dem Tonwert des Randes harmonieren, natürlich sind auch Farbkombinationen möglich, jedoch ist stets auf eine Verträglichkeit der unterschiedlichen Nuancen zu achten. Anregungen finden Sie in großer Auswahl in einschlägiger Jugendstilliteratur.

Wählen Sie zur Dekoration möglichst Porzellane, die kein Relief haben, bei denen somit der Dekor in erster Linie die Wirkung bringt.

87 Orchideen eignen sich durch ihren filigranen Aufbau besonders gut zur stilisierten Darstellung.

88 Vereinfacht dargestellte Gartenblumen mit gezielter Licht-Schatten-Wirkung. Auf eine Ausarbeitung des Grüns wurde bewußt verzichtet.

Randdekore

Randdekore sind auch deshalb sehr gefragt, weil es viele Porzellanliebhaber gibt, die die Gerichte auf den Tellern »wirken« lassen wollen und den Teller nicht vom Dekor erdrückt wünschen. Die Bemalung stellt hierbei lediglich eine Umrahmung der jeweiligen Speise dar. Folglich werden Randdekore meist zurückhaltend gestaltet. Hierfür ein Beispiel. Es handelt sich um einen relativ schlichten Tellerfahnendekor, der gerade durch seine Schlichtheit wirkt (Abb. 91).

a) Aufzeichnung des Dekors nach eigenen Entwürfen oder Vorlagen. Benutzen Sie zur optimalen Randfixierung die Ränderscheibe wie unter »Golddekoration« beschrieben (s. S. 104 ff.).

In unserem Beispiel handelt es sich um einen kobaltblauen Rand, in den purpurne Blümchen eingelassen sind. Es sind natürlich auch andere Farbkombinationen möglich.

b) Legen Sie zunächst den äußeren Rand gleichmäßig an. Verwenden Sie dabei die Ränderscheibe, um eine konstante, ruhige Gesamtbänderung zu erlangen. Die Pinselstärke sollte je nach Breite des zu ziehenden Bandes gewählt werden. Es ist hierbei übrigens nicht unbedingt erforderlich, daß die Farblage völlig glatt und gleichmäßig ist, da etwas Unruhe in dem Reif lebendig und frisch wirkt. Sparen Sie jedoch schon jetzt die weißen Flächen für die Blättchen der Blumen aus, da hierhinein beim nächsten Malgang das Grün gesetzt werden muß. Bei kleinen Blattformen genügt hierfür das Radiermesser. Mit einem entsprechend kleineren Pinsel ziehen Sie nun den dünnen Faden im Inneren des Tellers.

c) Als nächstes werden die zarten Grün- und Purpurtöne der Blümchen angelegt. Gut trocknen lassen! Zeichnen Sie jetzt kleinere Feinheiten wie Blattrippen und Blütenstrukturen in die farbigen Elemente ein. Für die grünen Blätter empfehle ich ein helles Braun und für die Purpurblüte ein dunkles Karminrot.

d) Zur abschließenden Ausschmückung setzen wir auf den kobaltblauen Rand weiße Pünktchen und entgegengesetzt blaue auf die weiße Fläche.

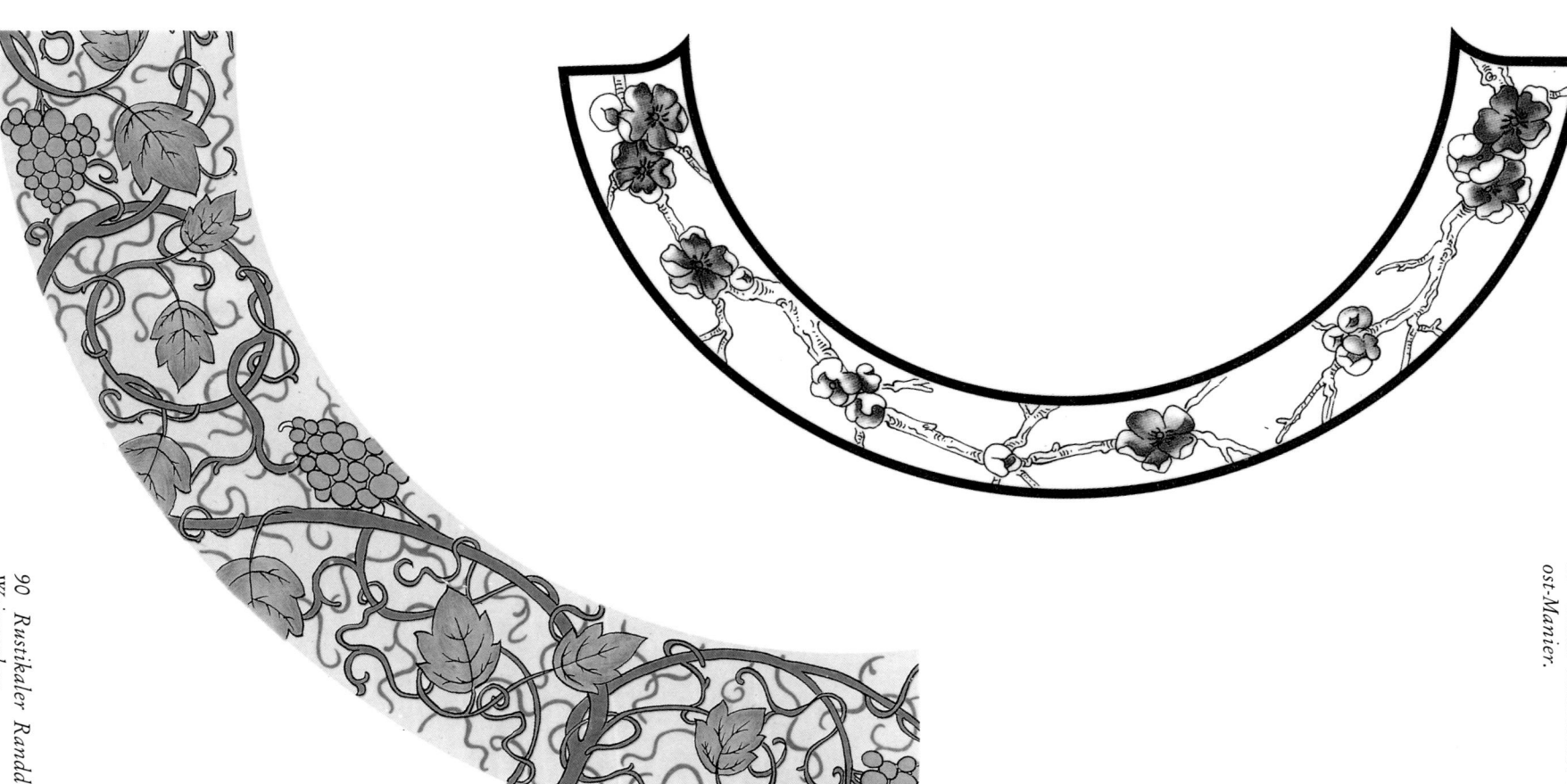

89 Feiner Randdekor in Fern-ost-Manier.

90 Rustikaler Randdekor mit Weinranken.

91 Kobaltblauer Randdekor mit eingesetzten Blümchen (Arbeitsfolge Seite 88).

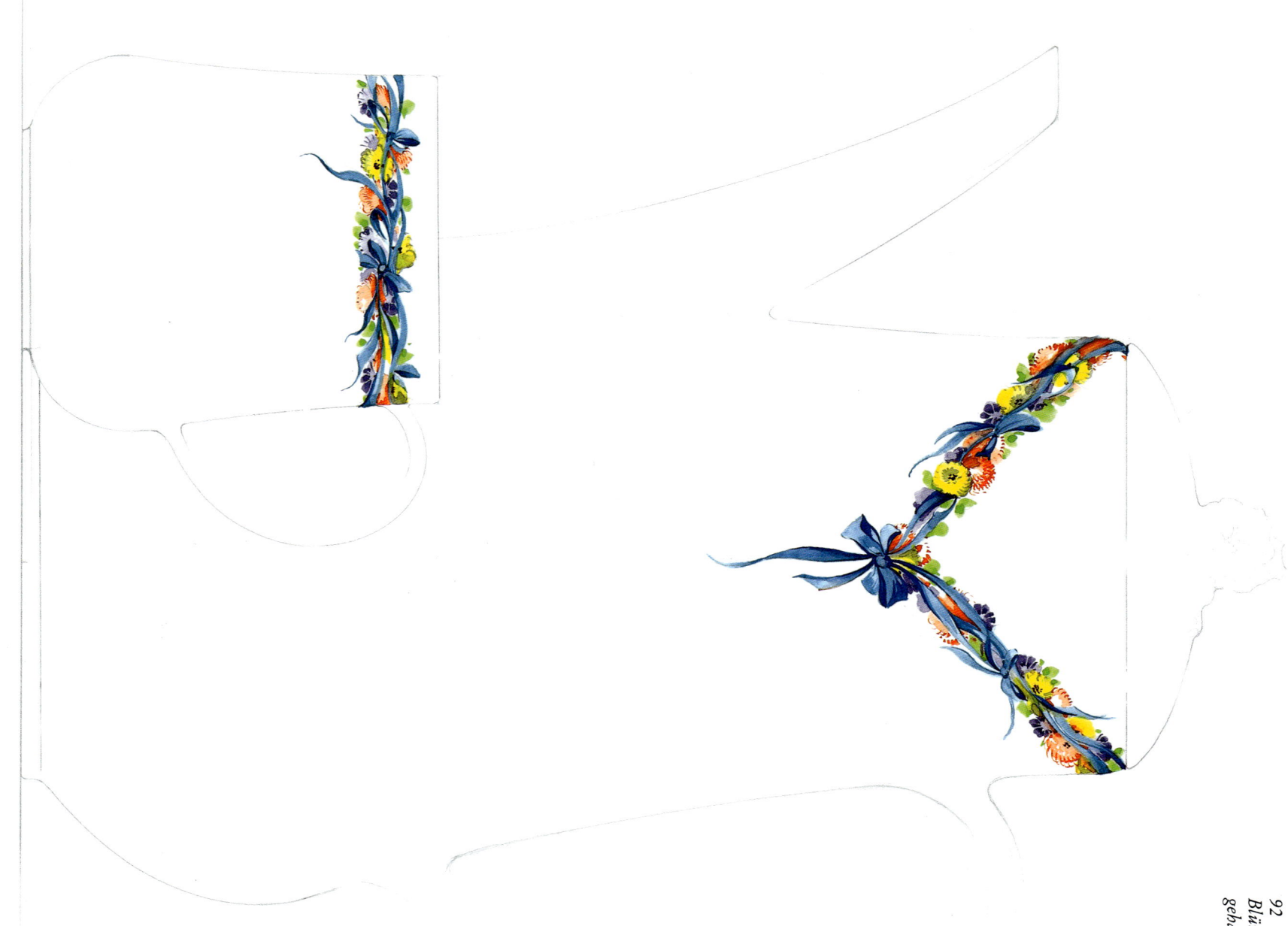

92 Schmuckmotiv: bunte Blümchen, von blauen Bändern gehalten.

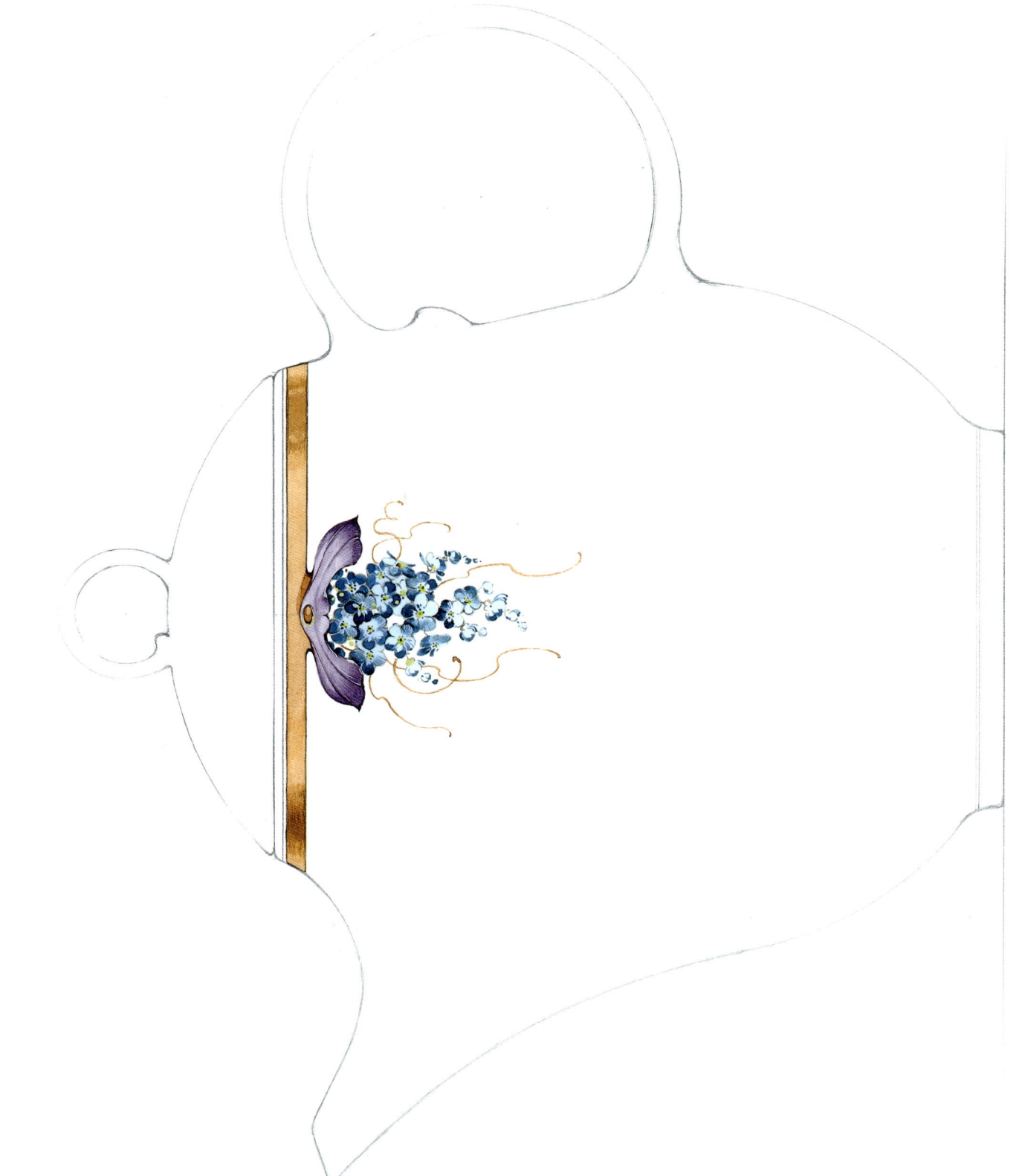

93 Teekanne mit Schmuckleiste und Vergißmeinnicht.

94 Chinesisches Fasanenmotiv in reicher Farbgestaltung (Anleitung im Text).

INDISCHE UND
FERNÖSTLICHE MALEREI

Die sogenannte Indischmalerei auf Porzellan hat im Vergleich zu den bereits behandelten rein malerischen Techniken einen ausgesprochen graphischen Charakter. Ihren Ursprung haben diese farbenprächtigen, fast ornamental wirkenden Muster in den fernöstlichen Porzellanmanufakturen. Lange bevor Böttger das europäische Porzellan entdeckte, haben Kaufleute und Händler diese Kunstwerke zu uns nach Europa gebracht, und es bestand bereits damals an vielen Königshöfen das Verlangen, diese Malereien selbst anzufertigen und somit hohe Ausgaben zu sparen und letztlich auch das damals noch geheimnisumwobene Monopol des »weißen Goldes« zu besitzen. Als dann auch in Europa Porzellan hergestellt wurde, bediente man sich selbstredend der Motive aus dem fernen China und übernahm anfangs die Malereien in kaum abgeänderter Form. Erst allmählich ging man dazu über, eigene Entwürfe beizusteuern. Die Grundvariation blieb jedoch dieselbe: stilisierte Darstellungen aus Religion, Natur, Jagd, Alltag und Fabeln.

Wir wollen uns zunächst auf die Grundregeln dieser speziellen Malerei beschränken, um Maltechnik und Werdegang eines Fernostdekors kennenzulernen. Anregungen und Motive finden wir in einer Reihe von Lackmalereien, Tuschzeichnungen und Holzschnitten vieler Meister aus China, Japan oder auch Korea. Sicher haben die jeweiligen Motive stets anders gelagerte Traditionen und Verbindungen zur Religion eines Landes, die unseren Nachahmungen, seien es nun Samuraiszenen oder legendäre Mingdrachen, immer fehlen werden. Aber gerade diese Vielfalt können wir in unserer Porzellanmalerei behandeln.

Arbeitsmittel

Die Arbeitsmittel sind denen der bereits behandelten Maltechniken ziemlich gleich. Wir haben lediglich die Zeichenfeder und die Lochpause genauer zu betrachten. Da es sich um eine sehr graphische Malweise handelt, kommt der Feder natürlich ein großer Stellenwert zu. Alle anderen uns bekannten Malutensilien – Pinsel, Spachtel, Radiermesser usw. – finden auch hier Verwendung. Neu hinzu kommt lediglich das Pausläppchen, mit welchem wir durch die Lochpause hindurch die groben Umrisse des Motivs auftragen. Näheres dazu im nächsten Abschnitt. Bei den Pinseln benötigen wir verschiedene Stärken, um unterschiedlich große Flächen kolorieren zu können. Halten Sie wiederum eine Auswahl an Größe und Dichte des Pinselhaares bereit. Wir müssen sowohl fein zeichnen können als auch große Drucker mit gleicher Farbstärke erzielen. Bei den Pinseln, die also nur zum Ausmalen der vorgegebenen Konturen dienen sollen, muß vor allem der Pinselkörper relativ stark sein, die Spitze spielt keine wesentliche Rolle. Dafür eignen sich bereits »abgemalte« Pinsel, die keine allzugute Spitze mehr haben. Für im Motiv auftretende Feinheiten hingegen ist der mit einer guten Spitze und einem mittleren Körper versehene Pinsel richtig.

Als Zeichenfeder genügt eine handelsübliche kleinere Stahlfeder von ca. 2,5 cm Länge. Bei entsprechender Pflege und Sorgfalt erfüllt eine solche Feder viele Monate ihre Aufgabe. Sollte die Feder bei ersten Malversuchen eine etwas rauhe, kratzige Spitze aufweisen, hilft vorsichtiges Abschleifen auf einem sehr feinen Schleifstein mit Wasser. Der glatte Malgrund, den die Porzellanglasur darstellt, macht dies erforderlich, da sonst ständig der gewollte Strich unterbrochen wird, und die Farbe nicht in der gewünschten Zügigkeit aufgebracht werden kann.

Das Pausläppchen ist eigentlich ein kleiner Pausbeutel und dient zum Auftragen der Pauskohle auf die Lochpause. Bestehen sollte er aus einem staubfreien Textillappen, den man mit einem weichen Material (Watte o. ä.) füllt und am oberen zusammengedrehten Ende mit einer Schnur festbindet (Abb. 95 c).

Als letztes neu zu erwähnendes Arbeitsmittel benötigen wir jetzt noch die Stechnadel für das Herstellen der Pause selbst. Sie besteht aus einer spitzen Nadel, die in ein Griffstück aus Holz eingelassen ist (Abb. 95 b). Dieses Instrument können wir uns leicht selbst herstellen.

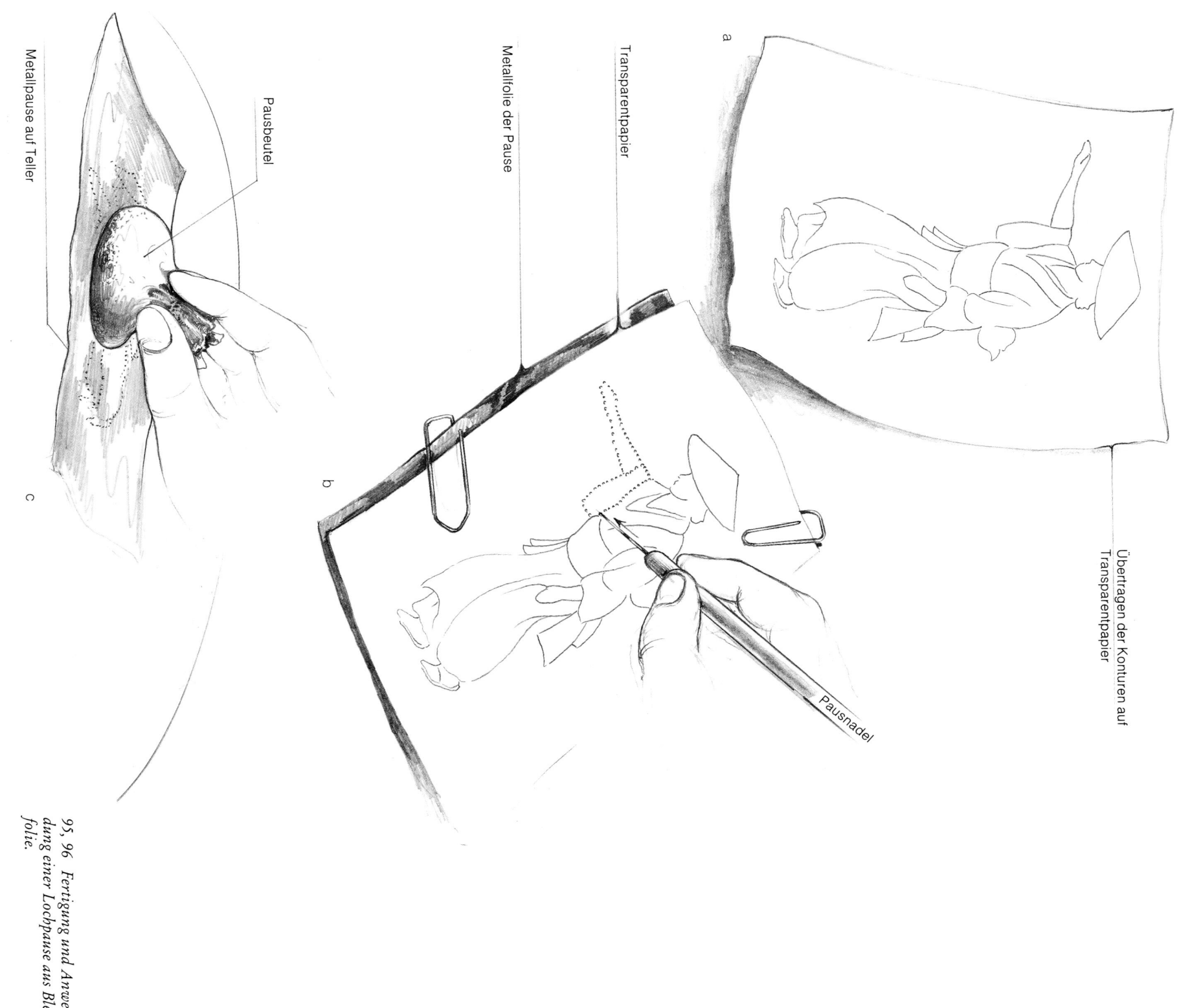

95, 96 Fertigung und Anwendung einer Lochpause aus Bleifolie.

a

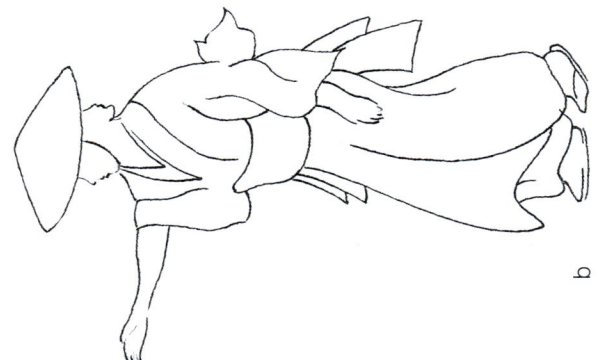
b

c

97 Stilisierte Blüten der Indischmalerei in drei Arbeitsschritten (genaue Beschreibung im Text).

Lochpause

Die Lochpause dient in erster Linie zum Auftragen von Motiven, die auf mehreren Stücken möglichst gleich aussehen sollen. Man erspart sich somit ein mühevolles Aufzeichnen eines ständig gleichbleibenden Dekors. Dennoch wird jedes Teil anders, da ja keine 100 %ige Kopie erstellt wird, sondern nur die Grundidee des Bildes auf die Einzelteile eines Services übertragen wird.

Auch trägt jedes Stück die individuelle Handschrift des Malers, so daß es nie zwei völlig identische Teile geben wird.

Die Pause selbst ist schnell hergestellt. Verfahren Sie auch hier nach der Reihenfolge, die in Abbildungen 95/96 gezeigt wird.

a) Auswahl des Motivs und Festlegen der wichtigsten Konturen. Man braucht sich nicht nur auf graphische Malereien zu beschränken. Es können auch Landschaften o. ä. aufgepaust werden, was sich empfiehlt, wenn sie in gleicher Größe und Ausführung auf mehrere Stücke gemalt werden sollen.

Man nimmt zunächst mit einem Stück Transparentpapier die wichtigsten Linien und Umrisse des gewünschten Bildes ab (Abb. 95 a).

b) Dieses Stück Papier wird nun auf die eigentliche Pause, die aus einer stärkeren Metallfolie bestehen sollte, aufgelegt und mit Büroklammern befestigt. Am besten eignet sich Bleifolie, da diese sich später auch an gewölbten Stellen des weißen Scherbens hervorragend anlegen läßt. Aber auch eine starke Aluminiumfolie ist möglich, jedoch nicht so langlebig.

Nun stechen wir mit der Pausnadel entlang der Linien winzige Löcher, durch die später die Pauskohle auf das Porzellan gelangt und so die Konturen skizziert (Abb. 95 b). Haben wir das ganze Dekormotiv durchstochen, entfernen wir das Transparentpapier und erhalten die fertige Lochpause (Abb. 96 a). Ein kontrollierender Blick durch die Löcher der Pause gegen eine Lichtquelle zeigt, ob wir ordentlich gearbeitet haben. Die zweite Pause, die wir nun auch auf dem Transparentpapier erhalten haben, eignet sich übrigens hervorragend zum Arbeiten auf Holz oder Papier.

c) Jetzt gilt es nur noch, die Bleifolie an den gewünschten Gegenstand anzupassen, und man kann aufpausen. Dies geschieht mit Hilfe des Kohlebeutelchens – mit dem wir ein wenig Pauskohle, die wir aus fein geriebener Zeichenkohle gewinnen, aufnehmen –, das wir weich entlang der Linien führen (Abb. 95 c). (Die Zeichenkohle verreibt man mit einem feinen Sandpapier.) Die nun durch die Löcher gelangenden feinen Staubteilchen bilden unsere Vorlage für die Federzeichnung (Abb. 96 b).

Zur Pflege der Pausen ist zu sagen, daß sie bei sachgemäßer Aufbewahrung – möglichst einzeln in einem Karton liegend – lange Zeit benutzt werden können, ohne Schaden zu nehmen. Sollten sie sich dennoch einmal verbiegen, können sie leicht wieder angepaßt werden. Risse allerdings sind fast immer das Ende der Pause, da hierbei oft das Motiv beschädigt ist.

Zeichnen mit der Feder

Federzeichnungen auf Porzellan erfordern etwas Übung, da die aufgespachtelte Farbe gut aus der Feder laufen muß, ohne breitzufließen. Verlangt ist ein klarer, in der Farblage kräftiger Strich. Darin besteht die Grundschwierigkeit dieser Malweise. Die Farbe muß also exakt so zubereitet werden, daß sie gut malbar ist und dennoch nicht auseinanderläuft. Den Farbbrei sollten Sie recht mager (Terpentin) ansetzen. Dazu einige Tropfen Dicköl und nur sehr, sehr wenig Nelkenöl. Nelkenöl hält die Farbe zwar lange frisch und malfähig, hat aber eine sehr »treibende« Wirkung. Benutzen Sie also diese drei Öle für die Erstaufreibung des Farbpulvers. Sollte im Malverlauf der Farbbrei beginnen einzutrocknen, setzen Sie jetzt nur noch Terpentin zu.

Man sollte nicht vergessen, daß die gezeichneten Linien nochmals mit Öl in Berührung kommen, nämlich dann, wenn die gezeichneten Flächen koloriert werden. Leicht können sich dabei die Konturen auflösen und das Motiv verderben. Dem Anfänger sei hier ein Zwischenbrand empfohlen, um die Zeichnung gesichert zu wissen, damit er in Ruhe ans Ausmalen gehen kann. Die Federzeichnung ist kein unerlernbares Metier, ganz im Gegenteil, es ist eine äußerst reizvolle Technik, die auch auf einer Reihe anderer Malgründe angewendet werden kann.

Versuchen Sie auch einmal, die Farben der Zeichnung mit Zuckerlösung aufzuspachteln und zu malen, da später bei der Ölausmalung eine Reaktion beider Arbeitsschritte vermieden wird (Wasser-Öl).

Stilisierte Blumen und Vögel

Zu Beginn einige Regeln, die bei der Indischmalerei Beachtung finden:

— Säubern des Scherbens und Untersuchen nach etwaigen Fehlern, die eventuell verdeckt werden können.
— Aufpausen des Motivs und anschließendes Zeichnen mit der Feder im gewünschten Farbton, anschließend Trocknen.
— Einsetzen von Druckern, wenn dies das Motiv verlangt, Trocknen.
— Ausmalen der Konturen im jeweiligen Farbton. Dabei auf richtige Farbstärke und dem Original entsprechende Mischung achten.
— Einbringen von Goldelementen, die nicht unmittelbar auf der Farbe sitzen.
— Erster Brand bei der für Ihre Farbe höchstmöglichen Temperatur.
— Jetzt kann man noch Goldbestandteile ins Muster malen, die auf bereits gebrannter Farbe sitzen. Am besten eignet sich hierfür das Pulvergold, da es flußfrei ist und somit nicht in die Farbe einsinkt.
— Zweiter Brand bei niedriger Temperatur (400–500° C genügen).
— Gold polieren.

Die chinesischen Motive gelangten auf dem Handelsweg über Indien nach Europa. Das bescherte ihnen den eigentlich falschen Namen Indischmalerei. So wurden bzw. neu gestaltet. Dem Urvater der Meißener Malerei, Höroldt, verdanken wir eine ungeheure Vielzahl eigener Entwürfe, die an Originale aus Fernost angelehnt waren. Den eigentlichen Reiz dieser Indischmalerei macht ihre Vielfarbigkeit und Ornamentalität aus. Fast nie überschneiden sich Motivelemente und Zeichnungen. Schattierungen sind selten, und der Kontrast der einzelnen Farben zueinander betont den ausgesprochen graphischen Charakter. Wir beginnen mit einem relativ einfachen Dekor dieser Maltechnik (Abb. 97).

Viele dieser ersten Muster wurden in Europa fast unverändert übernommen und erst später abgewandelt bzw. neu gestaltet. Dem Urvater der Meißener Malerei, Höroldt, verdanken wir eine ungeheure Vielzahl eigener Entwürfe, die an Originale aus Fernost angelehnt waren. Den eigentlichen Reiz dieser Indischmalerei macht ihre Vielfarbigkeit und Ornamentalität aus. Fast nie überschneiden sich Motivelemente und Zeichnungen. Schattierungen sind selten, und der Kontrast der einzelnen Farben zueinander betont den ausgesprochen graphischen Charakter. Wir beginnen mit einem relativ einfachen Dekor dieser Maltechnik (Abb. 97).

a) Aufpausen des Musters in der beschriebenen Weise. Achten Sie darauf, daß alle Pauslöcher von der Kohle erreicht werden und so das vollständige Motiv übertragen wird. Bei guter Ausführung haben wir jetzt das Motiv in Punktform auf dem Scherben. Sollte die Kohle etwas zu dunkel geraten sein, pusten Sie leicht über den Gegenstand; das ergibt eine feine, puderförmige Zeichnung, die das Aufzeichnen mit der Feder ermöglicht.

b) Jetzt zeichnen wir die Konturen in der beschriebenen Weise im gewünschten Farbton nach. Im Beispiel auf Abbildung 97 b ist es ein mittleres Schwarz. Versuchen Sie eine gleichmäßige Stärke des Striches zu erreichen und vermeiden Sie eine Unterbrechung der Linien, um das Motiv nicht zerstückelt erscheinen zu lassen. Sollten sich während des Zeichnens Farbe und Pauskohle miteinander vermischen, so spielt das keine Rolle, da die Kohlepartikel während des Brandes verschwinden, und es keine Rückstände gibt. Versuchen Sie einen leichten Federstrich, der keine unterschiedliche Stärke in der Linienführung erlaubt. Sorgfältig trocknen. Für Anfänger Zwischenbrand empfohlen.

c) Jetzt können wir die entstandenen Flächen farblich auslegen und dem Dekor die ihm eigene Brillanz geben. Verfahren Sie genau nach der Vorlage und achten Sie auf eine möglichst gleichbleibende Farblage. Weiche Übergänge erzielen wir am besten mit einer zarten Behandlung der Farbe durch das dünne Terpentin, das ein fast nahtloses Verschwimmen von Farbe und Weiß ermöglicht. Bei größeren Flächen ist hierbei der Stupfer von Bedeutung, da er ideal zur Vermittlung von Scherben und Farbkörper dient, vorwiegend bei Gewändern und Naturerscheinungen wie Wolken, Nebel, Wasser oder auch Rauch.

Bei dieser Art der Indischmalerei handelt es sich um die einfachste der möglichen Techniken. Es wird noch keine zweifache Farblage oder ein Einbringen von Gold erwogen. Sie ist sehr gut geeignet, um die neue Materie kennenzulernen.

Wenn man sich die möglichen Motive der Indischmalerei vor Augen führt, erkennt man schnell, welche Vielfalt uns zur Verfügung steht. Die fernöstlichen Meister haben kaum ein Thema ausgelassen, und es kann nur von Nutzen sein, ein möglichst großes Spektrum der vielen Arten auszuprobieren. Obwohl uns die Stilisierung in fast allen Vorlagen abgenommen wird, sollten wir uns dennoch einmal mit den verschiedenen Pflanzen und Tieren befassen, um zu erkennen, wie man eigentlich ein Motiv vereinfacht. Das heißt, man sollte sich schon klarmachen, welche Details man weglassen kann, ohne das Bild völlig zu verfremden.

Jedes stilisierte Element eines Dekors hat seine Vorläufer in der Natur. Bei vielen Teilen eines Porzellanmotivs muß man schon genau hinschauen, um die Baumart oder eine spezielle Tiergattung zu deuten. Es wurden fast immer typische Eigenschaften betont und gaben so der Malerei einen eigenen, unverwechselbaren Charakter. Nadelbäume erscheinen oft knorrig und eckig, um ihren stacheligen Typ zu betonen. Die Blätter von verschiedenen Laubbäumen hingegen sind rund und weich gehalten. Aber auch Tiere wurden nur in ihren wesentlichsten Erscheinungsmerkmalen gezeigt.

Fasan mit Blume (Abb. 94)

Der Fasan im Mittelpunkt der Malerei wurde in einzelne Segmente unterteilt, um die verschiedenen Federpartien zu trennen. Es gibt keine weichen Übergänge, und die Farbigkeit wurde in Einzelfelder verteilt. Die Partien auf dem Rücken sind in ein Schuppenkleid verwandelt und zeigen so die genaue Lage der Federn und ihre jeweiligen Farbtöne. Das weiche Daunenkleid der Brust ist zu einer zusammenhängenden Fläche geworden, die nur durch einige Farbtupfer etwas Bewegung erfährt. Auch die Gestaltung des prächtigen Schwanzes ist auf das Wesentlichste reduziert. Wir erkennen die tropfenförmige Zeichnung auf den goldgelben Federn. Es wird also nur das grundlegende Moment einer Form oder Struktur wiedergegeben. Eine Ausnahme bilden allerdings die Flügel, der Schnabel, die Augen und auch die Krallen. Diese Körperteile geben dem Motiv die notwendige Natürlichkeit, um es bei aller Abstraktion erkennen und deuten zu können. Was die Farbintensität betrifft, können wir die Natur sogar noch etwas überbieten, da wir ja farbenprächtige, zum Teil sogar grelle Kontraste schaffen möchten. Wählen Sie Ihre Motive in Ruhe aus und machen Sie sich mit deren Eigenheiten von Form und Farbe vertraut. Malen Sie auch hier aus der Lochpalette, da Mischungen erforderlich werden können. Zudem ist dies ratsam, wenn Sie mehrere Teile bemalen wollen.

Die Blume (Abb. 94) ist ebenfalls stark vereinfacht und zeigt relativ gleichartige Blattformen, die sich lediglich durch ihre Tönung und Verrippung voneinander unterscheiden. Die Zeichnung für die Blüte und die Grünblätter ist im jeweiligen Ton gehalten und gibt so einen passenden Rahmen für die Kolorierung. Es wurde Verrippung, ruhiger Grundton und ein wenig Schatten die Wirkung bringen. Äste und Blumenstiele sind gleichfalls spärlich ausgearbeitet und zeigen nur wenige Details. Schließlich soll die Pflanze nicht vom Hauptmotiv Fasan ablenken.

Stilisierte Blumen (Abb. 97)

Blumen und Blätter lassen sich verhältnismäßig leicht in ein vereinfachtes Dekor verwandeln. Es wurden zunächst die äußeren Konturen großzügig nachvollzogen. Je nach Art rund, spitz, oval oder auch schlank länglich. Aus Blüten mit vielen Blattkränzen gestaltet man Rosetten in einer strengen Symmetrie. Je nach Größe haben diese bis zu sieben Ringe. In Abbildung 97 sehen Sie ein Beispiel, bei dem drei Stufen gezeichnet wurden.

Die Gesamtform der stilisierten Blumen ist meist geometrisch einfach gehalten. Wir erkennen sternförmige, runde oder ellipsenförmige Gebilde, die lediglich den Grundcharakter der Art andeuten.

Die ersten Motive dieser Malereien kamen aus China und Japan zu uns nach Europa. Nach der Gründung der Ostindienkompanie 1624 gelangten diese Stücke durch Holländer und Portugiesen in viele Handelshäuser unseres Kontinents. Viel vertreten waren Unterglasurblumen, denen man zusätzlich noch Aufglasurelemente einfügte, die in Rot-Gold gehalten waren. Seinen Ursprung hat hier auch das legendäre Zwiebelmuster, welches nach der Entdeckung des europäischen Porzellans durch Böttger übernommen wurde. Wir erkennen in dem Dekor stilisierte Blumen wie die Chrysantheme oder auch Vergißmeinnicht. Für die Hersteller und Liebhaber hatten verschiedene Blumen überdies Symbolcharakter, der die bemalten Gegenstände zusätzlich wertvoll machte.

98 Indischmalerei auf einer Sauciere.

Stilisierte Tiere, Drachen, Fabelwesen

In Mythologie und Sagenwelt der Länder des Fernen Ostens nehmen seit jeher Drachen, Löwen, Tiger und erfundene Fabelwesen einen festen Stellenwert ein. Sie sind oft Ausdruck von Angst vor Unbekanntem oder sollen die bösen Geister besiegen. Oft waren es aber auch vereinfachte Bildnisse lebender Tiere. Auf uns europäische Betrachter üben diese Wesen einen ausgesprochen exotischen und mysteriösen Reiz aus. Wer kennt nicht den Mingdrachen, der in seiner Erscheinung einer Mischung aus Schlange, Fisch und Vogel gleicht. In einer Vielzahl von Seidenmalereien, Aquarellen, Holzschnitten und eben auch Porzellanen begegnen wir diesem phantastischen Wesen, das seinen Reiz bis heute nicht verloren hat.

Die Tierwelt des Fernen Ostens wurde gleichermaßen für die Motivwahl der Porzellanmaler übernommen und bietet uns ein reiches Angebot an Vorbildern, z. B. der 1728 für den sächsischen Hof entworfene reiche, gelbe Löwe (Abb. 101). Bei ihm ist erwähnenswert, daß es sich eigentlich um einen Tiger handelt, der eine ähnliche Verwechslung erfahren hat wie das Zwiebelmuster, das statt Zwiebeln Granatäpfel zeigt.

Am Beispiel des »Hofdrachens« in Abbildung 100 möchte ich nun den Werdegang eines der verbreitetsten Indischmuster zeigen. Er wurde zwischen 1730 und 1918 nur für den Hof in Dresden gemalt, und es steht jetzt auch Ihnen frei, ihn zu gestalten.

— Übernahme des Motivs auf die Lochpause.
— Aufpausen des Motivs auf den gereinigten Scherben.
a) Zeichnen der äußeren Konturen mit der Feder im gewünschten Farbton.

99 Arbeitsstudien für einen Mingdrachen.

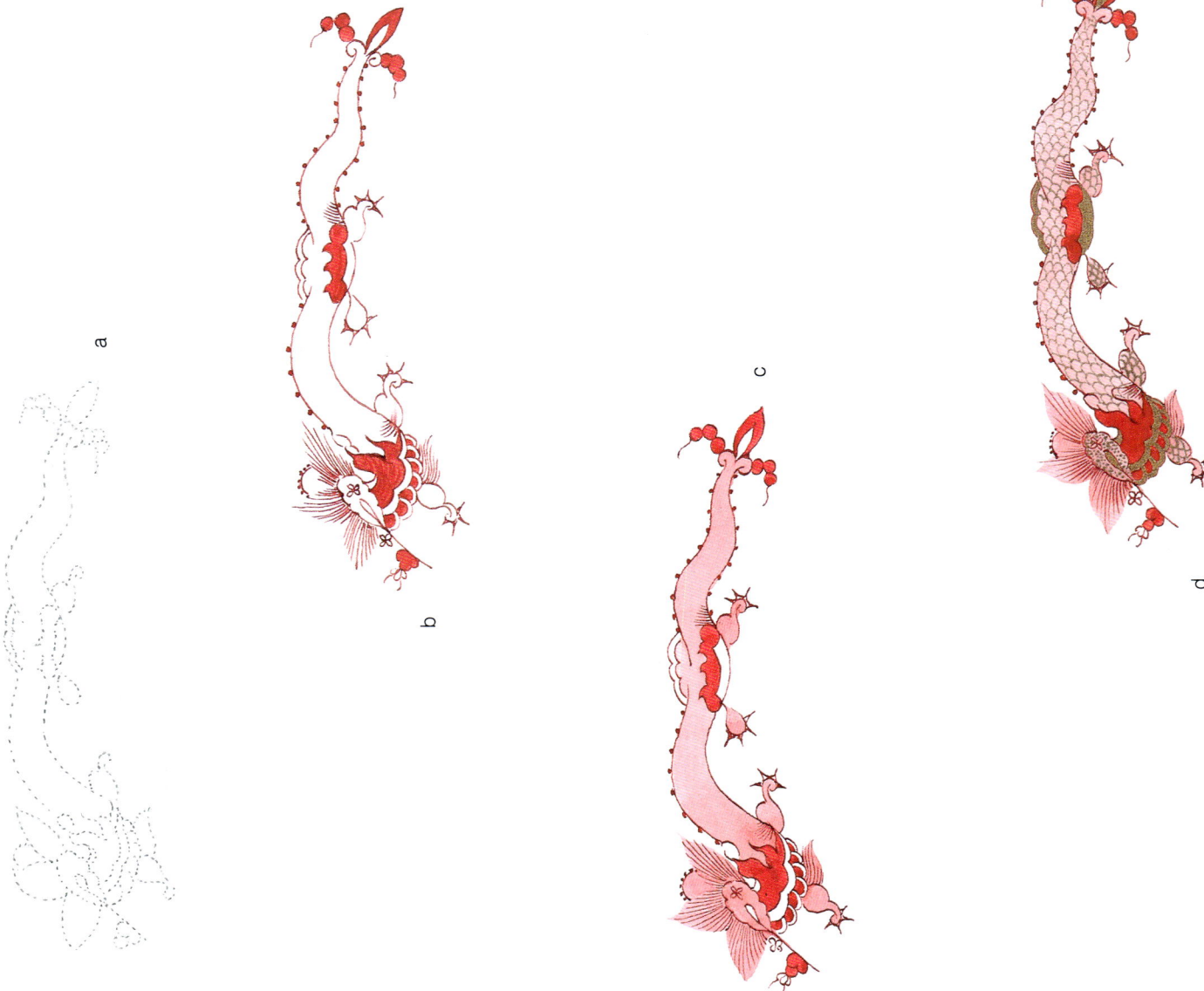

100 Der sogenannte Hofdrache benötigt insgesamt vier Arbeitsschrittfolgen (siehe Text unten).

b) Einsetzen von geschlossenen Schattenflächen und Anbringen von Einzelheiten und Elementen (mit Pinsel).

c) Nach gutem Trocknen erfolgt das Auslegen der gezeichneten Flächen im gewünschten Farbton. Reiben Sie die Farbe relativ fettig an, um eine gleichbleibende Farbstärke zu erhalten. Arbeiten Sie hierbei zügig und versuchen Sie, den Pinsel sowenig wie möglich abzusetzen.

Jetzt erfolgt ein Zwischenbrand, der gewährleistet, daß die Untermalung beim Goldschuppen nicht aufweicht (ca. 800° C).

d) Unter »Goldschuppen« verstehen wir die Einbringung der Einzelheiten wie Schuppen oder auch einzelner Haarstrukturen. Dies geschieht in der Regel mit Gold in Pulverform. Wir reiben es in beschriebener Weise auf und setzen jetzt die gewünschten Punkte und Zeichnungen ein (Abb. 100 d). Dies geschieht wiederum mit der Zeichenfeder, die ein sauberes und genaues Arbeiten erlaubt.

101 Teller mit reicher Fernostmalerei und stilisiertem Tiger.

102 Mingdrache in purpurner Ausführung.

GOLDDEKORATION

Für das Verzieren und Ausschmücken der verschiedensten Porzellanmalereien ist seit jeher Gold ein fester Bestandteil. Am Anfang brachte man kleine Zierelemente in den Dekor ein und faßte den Rand mit Gold. Mit der Zeit wurde die Gestaltung dieser Ränder immer pompöser und aufwendiger. Mit zierlichen Kanten, fast feinen Spitzen gleich, wurden Porzellangemälde eingefaßt, und sie gaben ihnen unermeßlichen Reiz. Frühe Chinoiserien zeigen uns, mit welch Feingefühl bereits im Alten China diese Technik gehandhabt wurde. Natürlich wurde auch in Europa versucht, es den Meistern aus Fernost gleichzutun. In Tausenden von Varianten ist heute zu sehen, wie breit das Spektrum all der Möglichkeiten ist. Wir möchten hier immerhin ein Grundwissen erarbeiten, das es ermöglichen soll, vom einfachen Goldrand bis hin zur reichen Goldkante variabel in der Dekoration zu sein. Beginnen wir zunächst mit den zur Verfügung stehenden Arten des Porzellangoldes.

Glanzgold

Diese Art des Porzellangoldes wird heute oft als etwas kitschig und zu üppig empfunden. Dies hat wohl seine Ursache im geringen Goldgehalt der Farbe und seiner Verwendung in der Vergangenheit. Sammeltassen mit oft übertriebenem Dekorationsanteil sowie die schlechte Haltbarkeit bei dauerndem Gebrauch haben ihr übriges getan. Für Porzellangegenstände jedoch, die reinen Zierzweck erfüllen sollen, ist diese Goldart durchaus günstig. Auch als Unterlegung für das später zu behandelnde Poliergold ist Glanzgold ideal. Glanzgold hat den wesentlichen Vorteil, nach dem Brand in feinsten Nuancen zu erscheinen, ohne eine zusätzliche Behandlung erfahren zu müssen. In vielen Manufakturen hat das Glanzgold inzwischen seinen festen Platz eingenommen. Der Name Glanzgold ergab sich aus der einfachen Tatsache, daß es bereits nach dem Brand hochglänzend aus dem Ofen kommt und nicht poliert zu werden braucht.

chen angeboten. Der Goldgehalt ist wesentlich höher als beim Glanzgold und beträgt ca. 20 %. Es ist von zäher, harziger Konsistenz und ist schwarzbraun eingefärbt, um auf dem weißen Scherben klar gesetzt werden zu können. Das ist vor allem bei aufwendigen Kanten wichtig, in denen dünnste Linien erreicht werden sollen. Vor Gebrauch ist das Poliergold unbedingt gut durchzuschütteln, da sich die feinen Goldpartikel auf dem Flaschenboden absetzen und etwas eindicken. Sollte es während des Malens auf der Palette antrocknen, können wir es leicht mit ein wenig Terpentin oder Goldverdünnung aufreiben. Um das Poliergold noch haltbarer und wertvoller zu machen, kann etwas Pudergold (siehe nächster Abschnitt) zugesetzt werden. Aus dem Brand kommt das Poliergold matt, sandfarbenglänzend, und muß nun noch poliert werden. Dies geschieht am besten mit feinstem Seesand, der mit einem nassen Tuch aufgenommen wird und nun über die zu polierenden Stellen gerieben wird. Das geht sehr gut unter fließendem Wasser. Andere Poliermöglichkeiten bietet der Achatstift, der in einen Holzgriff eingelassen ist, oder auch die Glasfaserbürste. Beide Arbeitsmittel werden über das stumpfe Golddekor geführt und erzielen den gewünschten Hochglanz. Gut poliertes Gold erreicht eine dekorative schwere Wirkung und verleiht jeder guten Malerei einen würdigen Rahmen.

Pudergold

Wie der Name schon sagt, handelt es sich hierbei um ein feines Goldpulver von ca. 80 % Reinheit. Daher ist es natürlich außerordentlich teuer und sollte nur für ganz besondere Kanten oder winzige Details in hochwertigen Dekoren zur Anwendung kommen. Gut geeignet ist es als Zusatz für Poliergold, da es diesem zu besserer Haltbarkeit und Lebensdauer verhilft. Pudergold muß ebenfalls nach dem Brand poliert werden. Aufgerieben wird das Pulver übrigens wie die Metalloxydfarben mit Terpentin und Dicköl.

Pinsel

Je nach Stärke eines Goldrandes oder einer Goldstaffage an Henkeln und Tüllen brauchen wir ein gewisses Sortiment an Pinseln. Sie sind zum Teil anders beschaffen

Poliergold

Poliergold ist genau wie Glanzgold in flüssiger Form anzuwenden. Es wird in 2-, 5-, 10- und 50-g-Fläs-

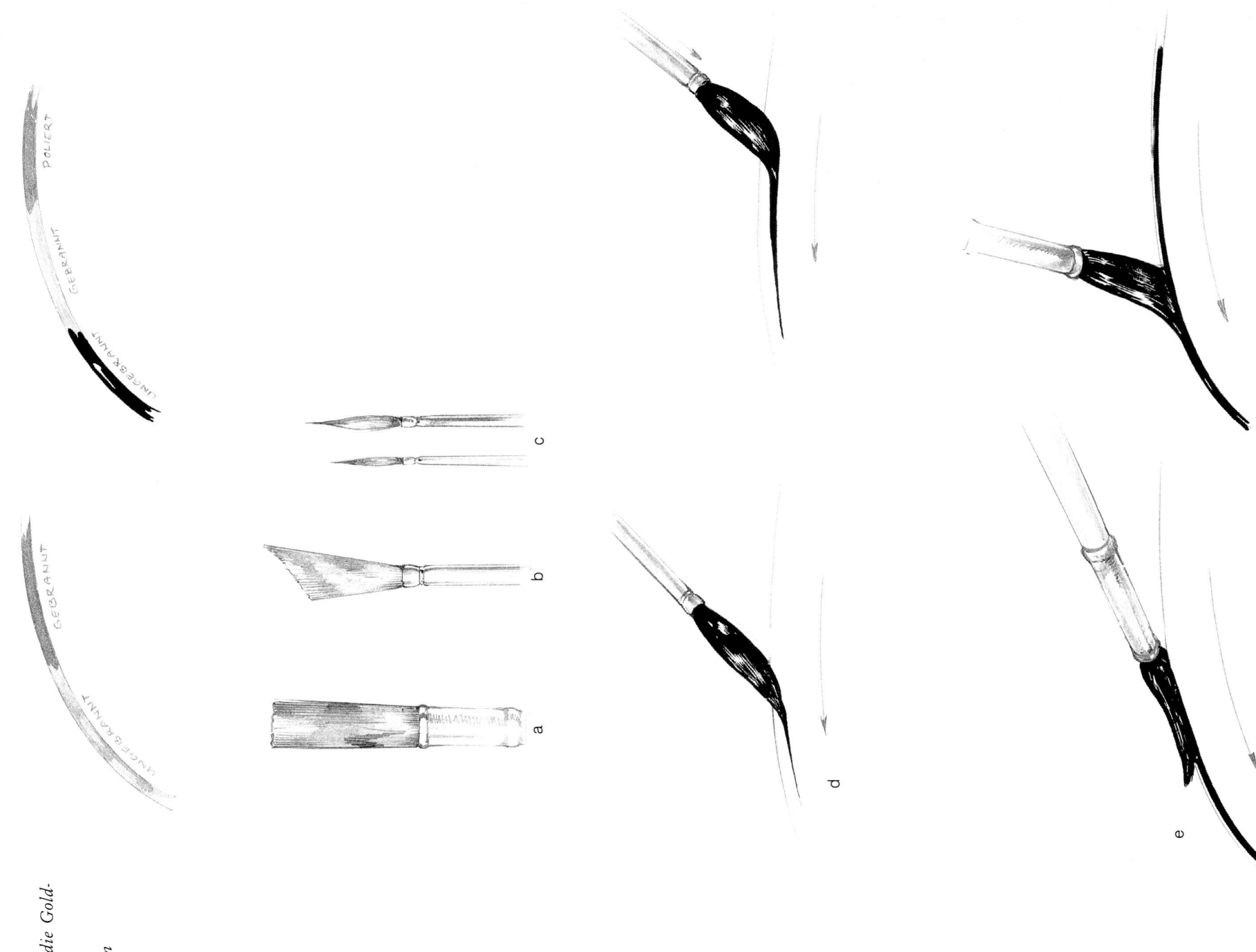

103 Golddekoration:
a-c Pinseltypen für die Golddekoration
d Das Fädenziehen
e Das Goldrändern

als die der Dekormalerei. Die wichtigsten Sorten zeigt Abbildung 103 a-c. Sie sind ihrem Zweck entsprechend gestaltet und sollen auch nur zum Goldmalen verwendet werden. Verwahren Sie diese Pinsel auch separat in einer Schachtel mit nelkenölgetränkter Wellpappe. Man benötigt:

a) Einen flachen Borstenpinsel zum Rändern (Abstreicher),
b) Schrägränderer zum Fädenziehen,
c) Kleine Staffierpinsel zum Anspitzen von Henkeln u. ä.

Ränderscheibe

Um auf Tellern, Platten, Schüsseln und anderen Flachteilen gute und vor allem wirklich runde Goldfäden ziehen zu können, benötigen wir die Ränderscheibe. Es gibt sie in zwei Ausführungen. Einmal die Standscheibe, die auf dem Fußboden steht und in der Höhe verstellbar ist, zum anderen die kleinere Tischscheibe, welche auf dem Arbeitsplatz ruht und besonders geeignet ist, wenn es darum geht, eine größere Menge Teller zu rändern.

Fädenziehen auf der Ränderscheibe

Der zu rändernde Gegenstand muß zunächst auf der Scheibe zentriert werden. Er muß genau in der Mitte sitzen, um einen einwandfreien Rand zu garantieren. Die pinselführende Hand liegt auf dem Malpult auf, während die andere die Scheibe mit dem Porzellangegenstand gefühlvoll dreht. Probieren Sie zu Beginn einfache Teller ohne Relief, um zuerst den einfachen Goldfaden in Kreisform zu erlernen. Verwenden Sie hierfür bitte Pinseltyp b). Streichen Sie den Pinsel sorgsam mit dem Poliergold ein (zu Übungszwecken genügt auch erst einmal einfache schwarze Farbe). Die schräg gearbeitete Pinselform ergibt nun eine sehr gute Spitze, die vorsichtig an einer Stelle des rotierenden Tellers angesetzt wird. Beginnen Sie sehr dünn in der Strichstärke, und werden Sie erst nach ca. 5 cm breiter (Abb. 103 d). Nach etwa 7 cm drücken Sie den Pinsel soweit, daß die gewünschte Strichstärke erreicht wird, und nun ziehen Sie den Faden vollständig um den Tellerrand. Sollte Ihnen während dieses Vorganges die Farbe im Pinsel ausgehen (was bei einiger Übung bald nicht mehr der Fall sein wird), tauchen Sie den Pinsel ruhig neu ein und setzen an der Abrißstelle wieder an. Ränder an bewegten oder geschwungenen Tellerfahnen stellen uns natürlich vor das Problem, der Fahnenbewegung folgen zu müssen. Das erfordert sehr viel Fingerspitzengefühl und Übung, da ja der Pinsel ständig bewegt werden muß. Üben Sie auch hier erst mit Farbe und an einfachen Reliefs.

Das Rändern

Für Ränder an Tellern, Kannen, Tassen und übrigen Porzellan benötigen wir Pinsel a). Es handelt sich um einen breiten Borstenpinsel, der aber auch aus weichem Fehlhaar bestehen kann. Es geht jetzt also um Ränder an der Außenkante von Geschirrteilen. Wichtig ist, vor allem bei größeren Teilen, ein zügiges Arbeiten, um den An- und Absatz eines Randes nicht auffällig erscheinen zu lassen. Es wird stets erst der äußere bzw. obere Rand um das Gefäß gelegt und dann abschließende untere (Abb. 103 e). Das ist besonders bei Tellern wichtig. Ränder von Vasen, Kannen, Terrinen oder anderen größeren Gegenständen sind dagegen wesentlich schwieriger zu golden. Oft sind es ovale oder geschwungene Kanten, die ein weiches Auf und Ab der Pinselhand verlangen. Wir verwenden hier die Bodenscheibe, die uns das Verstellen in der Höhe erlaubt.

Das Einfassen von Medaillons und Fonddekoren

Bei in Fonds gehaltenen Malereien bietet sich eine Einrahmung mit Gold an. Handelt es sich bei den Konturen des Fonds nicht um runde Grenzen, die wir auf der Scheibe erstellen könnten, müssen wir frei Hand malen (Abb. 51-53). Bögen, Schwünge oder auch Ornamente werden also mit Pinseltyp c) gemalt. Bei dieser Art der Golddekoration ist besondere Sorgfalt gefragt, da z. B. ein kobaltblauer Fond ohnehin schon sehr dunkel erscheint, und das schwarze Gold schwer auf dem Blau zu erkennen ist. Ideal wäre hierfür das Pudergold, da es schon beim Malen eine ockerfarbene Tönung zeigt und sich somit gut von dunklen Farbhintergründen abhebt. Helle Fondtöne hingegen bereiten keine Schwierigkeiten. Ein gelb eingestupfter Fond kontrastiert sehr gut mit dem tiefen Schwarz des Poliergoldes. Wollen Sie bei Fonds noch aufwendige Goldkanten anbringen, so verfahren Sie wie im nächsten Abschnitt beschrieben, der sich mit den reichen und filigranen Spitzenkanten beschäftigt.

Goldkanten

Je nach Motiv (Jagd, Landschaften, Früchtestilleben usw.) eignen sich aufwendige und bis ins kleinste Detail ausgearbeitete Goldkanten. Sie werden in erster Linie in Poliergold ausgeführt. Die genaue Beschaffenheit ist nicht vorgeschrieben, obwohl es in der Porzellangeschichte ausgesprochene »Jagdkanten« oder auch »Früchterahmen« gibt. Schauen wir uns die Grundbeschaffenheit einer solchen Kante etwas genauer an.

Natürlich ist es auch möglich, ganze Schriftzüge, Widmungen oder bestimmte Daten auf bemalten Porzellangegenständen festzuhalten. Es ist vielerorts beliebt – vor allem auf Geschenken –, kleine Grüße oder ein paar Worte zur Erinnerung an den entsprechenden Anlaß aufzubringen. Wie Sie diese Worte nun genau plazieren, ist Ihnen überlassen. Es gibt die Möglichkeit, Schriften direkt in den Dekor einzubauen, was allerdings schnell kitschig wirkt. Besser geeignet ist auf alle Fälle die Rück- oder Unterseite eines Gegenstandes. Ausnahmen bilden Wandteller oder Pokale, die den Text ausdrücklich zeigen sollen. Sie kennen sicher alle die bemalten Bierhumpen, die für verschiedene Vereine oder Jubiläen hergestellt werden. Für die Ausführung stehen uns zwei Techniken zur Verfügung:

– Die Federzeichnung

Wie bereits im Thema »Indischmalerei« (s. S. 92 ff.) behandelt, ist die Feder ideal zur Darstellung dünnster Linien geeignet. Soll es also ein zierlicher Schriftzug mit gleichbleibend feiner Strichstärke sein, ist diese Technik zu empfehlen. Bei entsprechender Übung können Sie ganze Sätze zügig und flott auftragen.

– Das Schreiben mit Pinsel

Diese Malweise wird notwendig, wenn es sich um Schrifttypen mit wechselnder Stärke der einzelnen Buchstaben handelt. Einige Sorten von Buchstaben verlangen einfach ein längeres und intensives Bearbeiten von Schnörkeln und Zierelementen. Ein feiner Pinsel ist geradezu ideal geeignet, um sämtliche anfallenden Feinheiten zu erstellen.

106 *Beispiele verschiedener Schrifttypen und deren Anordnung.*

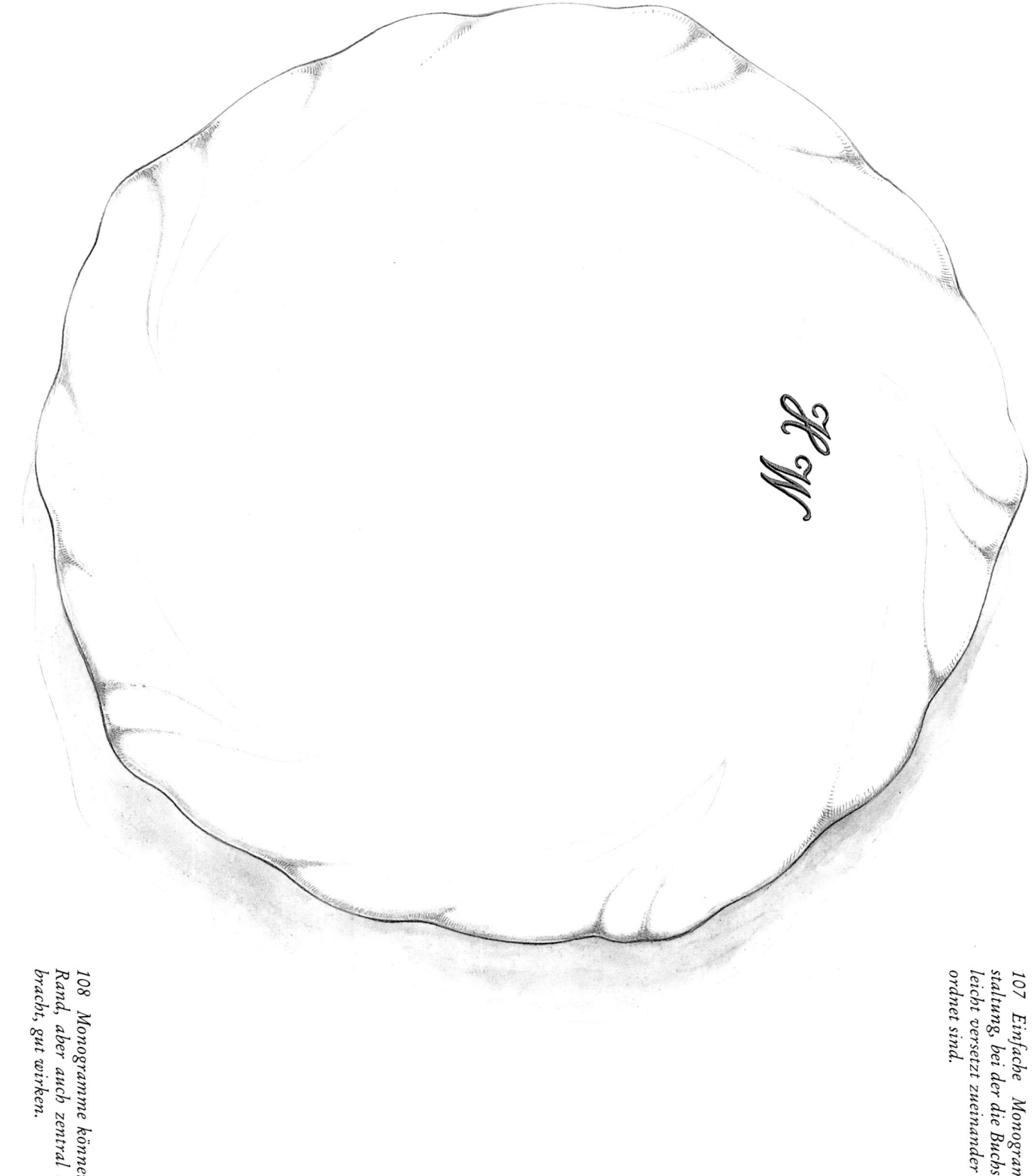

107 Einfache Monogrammgestaltung, bei der die Buchstaben leicht versetzt zueinander angeordnet sind.

108 Monogramme können am Rand, aber auch zentral angebracht, gut wirken.
▽

SIGNETS

◁ 109 Hotelsignet auf einem Kaffeegedeck. Schrifttyp und Farben sollten dem Stil des Hotels angemessen ausgewählt werden.

110 Verschiedene Signets. ▷

Viele Hotels und Restaurants dekorieren ihr hauseigenes Porzellan gern mit einem unverwechselbaren Signum oder Monogramm des Besitzers oder des Hotelnamens. Da solcherlei Aufträge von Kunden recht selten sind, möchte ich Ihnen nur kurz zeigen, wie dieses Genre behandelt wird. Die Motivwahl wird Ihnen bei solchen Malereien abgenommen, da Buchstaben, Wappen oder auch bestimmte Ornamente meist durch Tradition oder Stil des betreffenden Restaurants vorgegeben sind. Sie brauchen diese Signets also nur zu übernehmen und passend auf den jeweiligen Scherben zu übertragen. Das Umsetzen (vor allem maßstabsgerecht) ist allerdings nicht so einfach, wie es klingt. Sollten Sie so versiert sein, es frei Hand zu schaffen, ist es gut und zeitsparend.

Dem Laien dürfte es natürlich etwas schwerer fallen, und es empfiehlt sich eine Verkleinerung bzw. Vergrößerung mit einem Fotokopiergerät. Kopieren Sie das Signet von der Vorlage (Speisekarte o. ä.) auf die gewünschte Größe, und passen Sie es in den entsprechenden Gegenstand ein. Hierbei gibt es viele Möglichkeiten mit Rahmen, Schnörkel, Goldeffekt u. ä.

Orientieren Sie sich am besten am Original bzw. dem Wunsch des späteren Besitzers. Bei dem Beispiel auf Abbildung 109 ist der Hotelname in ein ockerfarbenes Oval eingefaßt, welches nochmals ein maronbraunes Band hält. Die Verwendung von Gold ordnet der Auftraggeber bzw. das entsprechende Signet selbst an. Es ist oft zu sehen, daß Hotels goldfarbige Elemente einbaut haben. Sollte es sich um Goldsegmente auf farbigem Untergrund handeln, empfehle ich, den farbigen Untergrund zuerst zu gestalten und danach einen Zwischenbrand einzulegen, um ein nachträgliches Aufsetzen des Goldes zu ermöglichen.

AUSGEFÜHRTE PORZELLANMALEREIEN

111 Eine von vielen möglichen Varianten eines Glückwunschmotivs. Die Schrift selbst kann natürlich auch in Gold oder Platin ausgeführt werden!

112 *Einfache Blumenmalerei mit Goldgräsern.*

113 Fruchtmalerei in Anlehnung an die alten Techniken der niederländischen Stillebenmaler.

114 Rosenmalerei mit Vergißmeinnicht auf einer Schwanenhalstasse.

115 Ob Teeschale oder Leuchter, mit gekonnter Dekoration werden die Einzelteile nochmal so schön.

◁ 116 Beispiel einer duftigen Blumenmalerei in nur drei Farben (Mohndekor).

117 Mohndekor. Beachtenswert ist, daß auf der Obertasse der Dekor ins Tasseninnere verlagert wurde.

118 Kaffeetasse mit floralem Flächendekor, mit dem auch fehlerhafte Weißware bemalt werden kann, da Schadstellen leicht zu verdecken sind.

119 Ein appetitlicher Anblick auf der Kaffeetafel: Früchte mit Blüten.

120 Naturalistische Fruchtmalerei (Waldfrüchte) ist besonders für Kaffee- und Teegeschirre geeignet.

121 Indischmalerei in Vollendung. Das Motiv »Silverbird« wurde in Platin gemalt.

BEGRIFFSERLÄUTERUNGEN

Abdecklack
Zähflüssige Masse, welche nach dem Auftragen zu einer steifen Folie erstarrt und problemlos abgezogen werden kann.

Achatstift
Halbedelstein feinster Struktur, mit dem man das matte Gold zu hochglänzender Eleganz bringen kann.

Anlage
Zweiter Arbeitsschritt nach dem Aufzeichnen, bei dem das Motiv in seinen wesentlichsten Elementen farbig aufgetragen wird.

Aufkochen
Reaktion der Farbe bei zu starkem Auftragen. Bläschen oder Farbabsplitterungen sind die Folge nach dem Brand.

Ausarbeitung
Auszeichnen der Anlage mit allen erforderlichen Feinheiten wie Schatten, Lasuren oder auch Zeichnungen.

Bone China
Englisches Knochenporzellan, bei dem das aus gebrannten Rinderknochen entstehende Calciumphosphat als Flußmittel wirkt.

Chinoiserien
Darstellungen aus dem chinesischen Lebens- und Kulturraum. Oft durch eingebrachte europäische Momente verfremdet.

Dekor
Zier des weißen Scherbens in ein- oder mehrfarbiger Ausführung. Möglich sind Handmalereien oder Druckdekore in verschiedenen Ausführungen. Zur Anwendung kommen auch farbige und in Gold gehaltene Ränder sowie verschiedene Glasurtechniken.

Fehhaar
Feinstes Pinselhaar, das aus dem Schwanzhaar eines sibirischen Eichhörnchens gewonnen wird.

Flächendekor
Als Flächendekor bezeichnet man eine Bemalung oder einen Druck, der die gesamte Weißfläche eines Porzellangegenstandes erfaßt und somit kaum noch weiße Stellen übrig läßt (besonders geeignet für fehlerhafte Weißware).

Fluß
Als Flußmittel bezeichnet man Stoffe, die den Schmelzpunkt eines Farb-, Masse- oder auch Glasurversatzes herabsetzen (Mennige, Bleikarbonat).

Fond
Gleichmäßig angelegte einfarbige Fläche, die zum Teil Reserven (weiße Aussparungen) beinhaltet.

Komposition
Geschmackvolle Anordnung eines Dekors auf dem jeweiligen Gegenstand. Beachten der Form, des entsprechenden Stils und farblicher Harmonie.

Malmittel
Substanzen zur Aufbereitung des Farbpulvers. In Frage kommen Terpentin, Nelkenöl, eingedicktes Balsam und das sogenannte Zachöl (im Verharzen begriffenes Terpentin).

Malpult
Erhöhte Auflagefläche für den pinselführenden Arm des Porzellanmalers. Der U-förmige Einschnitt des Malpults erlaubt ein optimales Halten des zu bemalenden Scherbens.

Muffelofen
Elektrisch betriebener Schmelzofen, der sich durch eine dickwandige Schamotteisolation auszeichnet. Am oberen Deckengewölbe befindet sich meist ein Dunstabzug und in der Tür ein Sichtloch. Die Heizspiralen verlaufen in der Regel an den inneren Ofenwänden entlang.

Ölzucht
Bis zu drei ineinander gestellte Gefäße, in denen das Terpentin langsam eindickt und zum Dicköl wird.

Oxydfarben
Porzellanfarben, die aus Metalloxyden hergestellt weren und mit entsprechendem Zusatz von Fluß gut schmelzend gebrannt werden.

Pâte-sur-Pâte-Malerei
Komplizierte Technik der Porzellandekoration. Die Motive werden fast reliefartig erstellt und oft in zart pastellfarbenen Tönen gehalten.

Pause
Hilfsmittel zum rascheren Aufzeichnen des Motivs. Besteht meist aus einer Metallfolie, in die die Konturen der Malerei gestochen sind. Durch diese Löcher wird die Pauskohle auf den Scherben gebracht. Besonders geeignet für Anfänger und das Malen größerer Mengen mit gleichem Dekor (Indischmalerei).

Scherben
Gesamtbezeichnung von Porzellangegenständen jeglicher Art.

Staffage
Dekoration von plastischen Elementen an Geschirr und Figuren.

Stilisieren
Vereinfachen bzw. Umsetzen von naturalistischen Motiven.

Streuer
Kleine Dekorelemente (Blümchen, Insekten, Früchte etc.) zum Schmücken des Gegenstandes um das Hauptmotiv herum bzw. zur unauffälligen Beseitigung kleinerer Fehler in Glasur oder Scherben.

Tellerfahne
Äußerer Rand des Tellers bis hin zur abfallenden Senke des Tellerspiegels (innerer Teil).

LITERATUR

Friedel, Peter Porzellan und Keramik bemalen – mein Hobby, München, 1982

Hillebrecht, Bente/Schmidt, Janet Porzellanmalerei, Stuttgart, 1987

Imhof, Phyllis Aparte Porzellanmalerei, Freiburg, 1985

Jaennicke, Friedrich Handbuch der Porzellan-, Steingut- und Fayance-Malerei, Stuttgart, 1987 (Nachdr. d. Ausg. v. 1891)

Kesten, Brigitte Charakteristik der Porzellanfarben, Stuttgart, 1984

Kretzschmar-Volck, Hedwig Porzellanmalerei, Ravensburg, 1987

Lumm, Rudolf Porzellanmalerei, Stuttgart, 1984

Mields, Martin Praxis der Porzellanmalerei, München, 1965

Viggiani, Daniella Die Kunst der Porzellanmalerei, Stuttgart, 1985

BILDNACHWEIS

Alle im Buch abgebildeten Zeichnungen und Fotos wurden vom Autor angefertigt bis auf Abbildungen 2, 69, 70, 85, 111–121, die von Günther von Voithenberg stammen.

Porzellanmalerei
Edles Kunsthandwerk mit Geschichte

...die mit dem Eisvogel!

C. Kreul · Künstlerfarben- u. Maltuchfabrik · D-8550 Forchheim

Ceramic-Bedarf
Arnold Böhm

SONNENSTRASSE 24/ECKE CHEMNITZERSTRASSE
TELEFON: 0231 – 10 25 41   4600 DORTMUND 1

Porzellanfabrik Carl Schumann GmbH & Co. KG

Telefon (09233) 40 20
Telefax (09233) 40 242

LUITPOLD GRIESHAMMER GMBH

Ihr Lieferant aller Bedarfsartikel für die Porzellanmalerei
Spezialität: Ia Malpinsel

Postfach 25, D-8672 Selb-Erkersreuth
Telefon (09287) 4151
Telefax (09287) 87336

VICO-Brennöfen

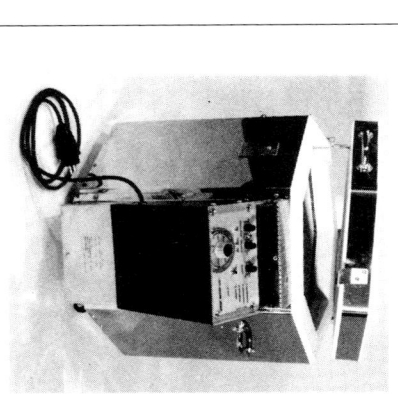

Für Ihr Hobby:
- Porzellanmalen
- Puppenmachen
- Töpfern
- Glasmalen
- Metallschmelzen

Vollautomatische elektronische Regelanlage
Bis maximal 1260 Grad Celsius an 220 Volt
Von 40 bis 300 Liter Inhalt
Zum Beispiel:
40 Liter, inklusive Regelanlage DM 1155,–!
Katalog von: **Vielhaben & Co.**
Gravelottestr. 95, 2800 Bremen 1
Telefon (0421) 444905
Wir liefern Porzellanmalfarben

Seit 1979 Kolling Brennöfen

mit elektronischem Vollautomaten als Kammer- und Schachtöfen.
Direkt vom Hersteller!

40 Liter DM 1995,– zuzüglich Mwst.
65 Liter DM 2390,– zuzüglich Mwst.
86 Liter DM 2790,– zuzüglich Mwst.

KOLLING Elektrobau und Keramikbedarf
5449 Thörlingen · Talweg 1 · Tel. 06746/656

Heraeus **Schmelzfarben für Glas, Keramik u. Porzellan**

Schachtöfen 1250°C und 1320°C

CALLWEY

Kreatives Gestalten und Werken

J. Brandehof/U. Geißler
Porzellan bemalen heute
Neue Beispiele und Techniken
132 Seiten mit 65 sw. und 61 vierf. Abb.

Uwe Geißler
Porzellan bemalen
Anleitung – Beispiele – Dekore
132 Seiten mit 60 sw. und 61 vierf. Abb.

Traudi Dwinger
Die Kunst auf Seide zu malen
Techniken – Motive – Beispiele
132 Seiten mit 117 sw. und 93 vierf. Abb.

Else Regensteiner
Die Kunst zu Weben
Technik und gestalterische Möglichkeiten
204 Seiten mit 465 sw. und 21 vierf. Abb.

Nenna von Merhart
Bauernmöbelmalerei
Riß und Detail. 79 Vorlagen für Hobbymaler
164 Seiten mit 63 sw. und 88 vierf. Abb., 79 Rissen.

CALLWEY VERLAG MÜNCHEN

CALLWEY

CALLWEY

Die Neuen Creativen

Ute Kase-Lepp
Romantische Puppen selbst gemacht
Ideen, Anleitung, Ausführung
72 Seiten, 84 farbige und 50 sw. Abbildungen. Gebunden.
CALLWEY CREATIV SPEZIAL

Uwe Geißler
Porzellanmalerei Rosen
Ideen, Beispiele, Techniken
72 Seiten, 29 farbige und 30 sw. Abbildungen. Gebunden.
CALLWEY CREATIV SPEZIAL

ür den anspruchsvollen Hobby-Künstler ist CALLWEY CREATIV SPEZIAL der richtige Ansatz. Ein durchdachter Aufbau, viele Schritt-für-Schritt-Abbildungen, Sachregister und vorbildlicher Text machen den Einstieg in das gewählte Spezialgebiet leicht. Mit CALLWEY CREATIV SPEZIAL erweitern Sie Ihre gestalterischen Möglichkeiten.

Traudi Dwinger
Seidenmalerei Abstrakte Muster und Ornamente
Ideen, Beispiele, Techniken
72 Seiten, 46 farbige und 50 sw. Abbildungen. Gebunden.
CALLWEY CREATIV SPEZIAL

Traudi Dwinger
Seidenmalerei Blumen
Ideen, Beispiele, Techniken
72 Seiten, 51 farbige und 42 sw. Abbildungen. Gebunden.
CALLWEY CREATIV SPEZIAL

Callwey Verlag München